KB053146

전세 월세
보증금을
지켜라

아파트 · 빌라 · 원룸 · 오피스텔 **전세 월세 사기로부터**

전세 월세
보증금을
지켜라

덕방연구소 지음

BM 황금부엉이

머리말

　현재 대한민국은 전세 사기의 폭풍이 휘몰아치고 있고 그로 인해 많은 사람이 고통받고 있다. 그동안 전세로 들어가면 계약이 만료됐을 때 집주인이 무조건 전세금을 돌려준다고 생각했던 사람이 대부분이었다. 하지만 전세 사기로 도배된 뉴스를 볼 때마다 이제는 그게 아님을 느끼는 사람이 많을 것이다. 한순간의 실수로 전 재산인 전세금 전부를 날릴 수도 있다는 것을 명심해야 한다!

　빌라, 원룸, 오피스텔, 아파트 등 전세 사기의 대상도 다양하다. 뉴스에 자주 등장하는 내용으로 무능력자인 일명 바지사장에게 빌라의 소유권을 넘기는 것부터 그 방법도 여러 가지라서 악당들의 덫에 많은 사람이 걸려들고 있다. 전세 사기를 당한 피해자 대부분은 부동산 지식이 부족한 사회초년생이거나 형편이 좋지 않은 사람이기에 더욱 안타깝다.

'전세'는 세입자가 집주인에게 보증금을 맡기고 월세 없이 계약 기간 동안 거주하는 방식이다. 세계적으로 전세제도가 있는 나라를 찾아보기 어렵다. 행정시스템 및 금융시스템이 발전했음에도 전세제도가 유지되고 있는 나라는 대한민국이 유일하다.

전세로 거주하면 월세 부담이 없어서 많은 사람이 전세를 선호한다. 그런데 이를 악용해 세입자의 보증금을 가로채는 전세 사기가 우리 주변에서 자주 발생하고 있다. 언론에서 전세 사기 피해를 대대적으로 보도하고 있지만 부동산 관련 지식이 부족한 사람들에게는 자신과 관련 없는 그냥 '전세 사기'로 느껴질 뿐이다. 또한, 어떤 식으로 전세 사기를 당하게 되는지, 어떻게 해야 당하지 않는지 등의 예방법을 알지 못하는 경우가 대부분일 것이다.

최근 들어 이러한 전세 사기로 인해 앞으로 전세제도가 사라질 수도 있다는 말이 나오고 있지만 현실적으로는 어렵다. 그동안 대한민국의 집값을 전세가 받쳐줬기에 한순간 전세가 사라지면 급격한 월세 상승 등 많은 부작용이 나타날 것이다.

부동산 사무실(공인중개사사무소)을 운영하는 필자는 그동안 여러 종류의 전세 사기 함정을 면밀하게 파악하고 있었다. 그래서 임차인이 어떻게 하면 그 함정에 빠지지 않을지 예방법들을 수년 전부터 필자의 유튜브 채널(덕방연구소)에 올리고 있다. 안타깝게도 많은 사람이 지금도 이러한 전세 사기의 심각성을 인지하지 못하는 바람에 피해가 계속되고 있어 전세 사기 예방법을 좀 더 알리고자 이 책을 쓰게 됐다.

사실 이제 막 학교를 졸업한 사회초년생이거나 이 분야의 직업을 갖지 않은 사람이라면 부동산에 관한 지식이 부족할 수밖에 없는 건 당연하다. 필자가 공인중개사로 부동산 현장에서 일하다 보면 정말 황당하면서도 무서운 일들이 일어나는데 그런 일들의 피해자는 대부분 앞에서 말한 집초년생(집을 잘 모르는 초년생)이다.

집초년생은 대부분 처음에는 보증금이 적은 대신 월세를 내는 월셋집에 들어가거나 열심히 일해서 모은 돈으로 보증금을 마련한다. 집 형편이 괜찮으면 가족 찬스로 목돈을 마련하거나 모아둔 돈에 전세 대출을 받아 월셋집보다 좀 더 넓은 전셋집으로 가기도 한다. 비교적 경험이 적은 집초년생을 노린 사기가 여기서 시작되는데 전세 사기를 당한 피해자들에게는 공통점이 있었다. 이 공통점만 알아도 전세 사기 피해의 가능성을 많이 줄일 수 있다.

필자는 이 책에 이러한 공통점 외에도 전세 사기꾼들의 사기 유형과 패턴을 낱낱이 공개해 피해를 예방하는 방법을 담았으며, 안전한 집을 찾는 방법부터 시세 확인법, 임차인에게 유리한 계약서 특약, 집주인이 보증금을 돌려주지 않을 때 절대로 하면 안 되는 행동 등까지 임차인이라면 무조건 알아야 하는 내용을 다 담았다.

이 책을 보는 독자 여러분이 부동산에 대한 경험이 많지 않은 집초년생이라 생각하고 쉽게 이해할 수 있도록 복잡한 용어는 최대한 사용하지 않으면서 실제 피해 사례들 위주로 구성했다.

이 책 한 권만 봐도 집을 계약할 때 소중한 재산인 보증금을 날릴 확률은 크게 줄어들 것이며 계약서 앞에서 똑똑한 임차인이 될 것으로 필자는 기대한다. 자, 전세보증금을 지키러 출발해보자!

이번에 개정판을 내면서 제목에 '월세'를 추가했다. 뉴스에서는 전세 사기에 대해서만 나와서 월세는 안전하다고 생각하는데 현장에서 보면 그렇지 않다.

사실 전세 임차인보다 월세 임차인이 훨씬 더 많고 전세보증금보다 월세보증금이 적다고 해도 위험성이 없는 것은 아니다. 그래서 월세보증금도 위험할 수 있다는 사실을 알려주고자 개정판을 내면서 관련 내용을 몇 가지 추가하고 제목에 '월세'를 추가했다.

전세를 중심으로 쓴 책이지만 '전세'를 '월세'로 생각하면서 읽어도 무방하다. '나는 월세에 사니 안전하다'라고 생각하지 말고 전세 사기의 내용이 월세에도 해당하므로 임차인이라면 모두 다 주의하자.

차례

PART 2

전세 사기, 당신도 예외가 아니다

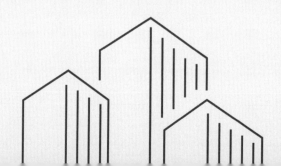

PART 3

집초년생을 위한 전세 사기 예방 가이드

PART
1

내 보증금 좀
돌려주세요

1 장

마른하늘에 날벼락!
30대 신혼부부의 절규

평온하게 빌라에 전세로 거주하는 임차인 부부에게 예고 없이 불행이 찾아왔다. 정말 마른하늘에 날벼락 같은 일이었다. 임차인 부부는 그동안 전세보증금은 안전하다고 생각했었는데 지금에서야 큰 착각이었음을 알게 됐다. 전세보증금을 돌려받기 위해 눈앞에 닥친 상황을 헤쳐 나가야 하지만 가면 갈수록 난관에 부딪히게 된다. 그런데 결과는 예정되어 있는 듯했다.

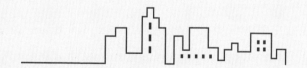

01

내 전세금은
안전할 줄 알았다

필자의 유튜브를 보고 상담을 요청하는 연락이 많이 온다. 이 중에서 전셋집 계약 기간의 만료가 코앞으로 다가왔는데 집주인이 전세금을 돌려주지 않는다거나 갑자기 연락을 받지 않아 해결방법을 알려달라는 내용이 아주 많다.

요즘 뉴스를 보면 전세 사기를 당한 피해 임차인이 굉장히 많음을 알 수 있다. 빌라왕, 오피스텔왕, 이름만 들으면 집을 많이 가진 진짜 왕처럼 보일 수 있지만 실제로는 교묘한 수법으로 임차인들의 전부인 전세보증금을 노린 사기꾼들이다.

2022년 HUG(주택도시보증공사)에서 전세보증보험 보증사고가 사상 처음으로 1조 원을 넘었다고 한다. 이 수치는 전세보증보험에 가입된 임차인들만 따진 숫자이니 전세보증보험에 미가입된 임차인들까지 합치면 전세 사기 피해금액은 상상을 초월할 것이다.

대한민국을 뒤흔들고 있는 전세 사기에 대해 여러 방송에서 다루고 전세 사기 피해자가 수천, 수만 명까지 된다는 이야기를 접하면 현재 전세로 사는 임차인뿐만 아니라 전세를 구하는 임차인 입장에서는 겁부터 날 수밖에 없다.

임차인은 그동안 아파트든 빌라든 원룸이든 작은 집에 전세나 월세로 살면서 좀 더 넓은 집으로 가기 위해, 또는 내 집을 마련하기 위해 많은 준비를 했을 것이다. 많든 적든 월급을 쪼개고 쪼개서 적금도 들었을 것이며 출근길 마을버스에 앉아 창 너머 지하철역이 가까운 대로변에 보이는 신축 아파트 공사현장을 보고 직장 선배나 부동산에 똑똑한 친구에게 아파트 청약을 상담하기도 했을 것이다. 또한, 부푼 기대를 안고 내 집 마련을 위한 청약통장까지 가입했을 것이다. 그렇게 짧게는 2년에서 길게는 수년까지 열심히 전세 또는 월세살이를 하며 버텼을 것이 분명하다.

필자가 만나본 임차인들은 대부분 그랬다. 그렇게 열심히 살았다는 보답이 있었던 걸까? 아파트 청약에 당첨이 되는 아주 기쁜 날을 맛보게 된 임차인이 있었다.

2019년 경기도에 있는 작은 평수의 빌라를 전세로 계약해서 살고 있는 30대 신혼부부였다. 어느 날, 눈에 띈 전용면적 59㎡ 아파트. 분양가가 조금 비쌌지만 근처에 아파트가 많이 없으니 청약 경쟁률은 높게 나올 것이라 생각해 큰 기대를 하지 않고 청약했는데 운이 좋았는지 당첨이 됐다.

며칠간 들뜬 마음을 가라앉히고 빌라 집주인에게 연락했다. 2년 전세 계약의 만료가 3개월 앞으로 다가왔기 때문이다. 마침 당시 정부에서 주택임대차보호법의 개정안인 임대차 3법을 시행하고 있었다. 임대차 3법은 전세와 월세 계약 갱신 시 임대료 상승 폭을 5% 이내로 제한하는 '전월세상한제', 일정 금액 이상의 주택임대차 계약의 경우 관청에 의무적으로 신고해야 하는 '전월세신고제', 그리고 한 번 더 찬스라고 불리는 '계약갱신청구권', 이 3가지가 주요 내용이다. 신혼부부는 바로 이 '한 번 더 찬스'를 쓸 생각으로 임대인에게 연락한 것이다.

계약갱신청구권은, 쉽게 말해 2년 전세 계약을 하고 살다가 계약 만료 6개월에서 2개월 전에 임차인이 1회에 한해 임대인에게 임대차 계약 갱신을 청구할 수 있는 권리다. 처음에 2년을 계약했지만 임차인 마음대로 2년 더, 총 4년을 안심하고 거주할 수 있는 아주 강력한 권리다. 임대인은 자기 가족이 실제로 그 집에 거주할 것이라며 임차인의 계약 갱신 요구를 거절할 순 있지만 거의 대부분 임대인은 정당한 사유 없이 임차인의 갱신 요구를 거절할 수 없다.

신혼부부는 핸드폰으로 이곳저곳 손품을 팔아 많은 정보를 얻을 수 있었다. 임대인에게 전화를 걸었다. 그런데 임대인에게서 황당한 얘기를 듣고 말았다. 자기는 이제 더 이상 그 빌라의 집주인이 아니니 집을 산 사람에게 얘기하라는 것이 아닌가! 게다가 귀찮아하는 말투였다.

전세 세입자한테 말도 안 하고 마음대로 집을 파는 게 어디 있느냐고 신혼부부가 따졌지만 그 임대인은 전세 세입자를 새로운 임대인에게 승계하면서 매매하는 게 불법이냐면서 되레 큰소리로 호통을 쳤다. 임차인인 신혼부부는 황당하고 어이가 없었지만 생각지 못한 상황에 일단 전화를 끊을 수밖에 없었다.

사실 임차인이 임대차 계약 중인 상태에서 해당 집이 매매가 되면 기존 임대인의 권리와 의무는 새로운 임대인에게 승계가 된다. 임대인의 가장 중요한 의무는 계약 기간 만료 시 집을 반환받음과 동시에 전세금을 돌려주는 것이다. (승계되는 것이라고 해도) 그 중요한 의무가 내가 알지도 못하는 사람에게 승계가 된다니 신혼부부는 매우 당황스러웠다.

갑작스러운 상황을 파악한 다음, 전세 계약을 중개해준 당시 부동산 사무실 실장에게 전화했는데 받지 않는다. 뭔가 심상치 않다는 느낌이 들었고 바로 그 부동산 사무실을 찾아가 봤다. 그런데 부동산 사무실은 폐업하고 사라졌다. 분명 무언가 이상하다는 확신이 들었지만 지금 상황이 정확히 어떤 상황인지 알 수가 없었기에 더 답답했다.

손을 놓고 가만히 있을 수만은 없기에 여기저기 알아보니 빌라에 전세로 들어갔다가 보증금을 돌려받지 못하고 있는 임차인이 많다는 사실을 알게 됐다. '설마 나는 아니겠지?'라고 스스

로를 위로했지만 찝찝한 마음은 남아있었다.

며칠이 지나고 기존 임대인에게 다시 전화를 걸었다. 임대인은 임차인보다 몇 수 위에 있었다. 집을 매매하는 건 집주인의 마음이고 임차인에게 고지해야 할 법적 의무가 없기에 전혀 문제될 것이 없다며 전과 같은 얘기만 반복했다. 바뀐 집주인의 연락처를 받는 것으로 만족하고 전화를 끊었다.

바뀐 집주인에게 까칠한 임차인으로 보일 이유는 없었기에 무턱대고 전화를 하기보다는 일단 문자로 인사말을 보내기로 하고 문자를 보냈다. 하지만 바뀐 집주인은 며칠이 지나도 답장이 없었다. 점점 불안해지는 마음에 전화를 해봤지만 바뀐 집주인의 전화는 계속 꺼져있었다.

이제는 계약 연장이 아니라 '온전히 전세금을 받아서 나갈 수 있을까?'라는 무서운 생각까지 들었다. 그 전세금은 신혼부부의 전부였기에 이제는 하루라도 빨리 이 집에서 나가고 싶은 마음만 들었다. 한동안 일이 손에 잡히지 않고 멍해져 있던 찰나 바뀐 집주인에게서 연락이 왔다.

02

바뀐 집주인은
도대체 누구인가?

신혼부부는 기분이 좋지 않았지만 최대한 예의 바르게 인사를 할 수밖에 없었다. 계약을 연장하지 않고 나갈 테니 계약만료일에 맞춰서 전세금을 돌려달라고 정중하게 부탁 아닌 부탁을 했다. 하지만 바뀐 집주인이라는 사람의 말에 신혼부부는 어이가 없었다.

바뀐 집주인의 말은 이랬다. 빌라에 투자한 건데 요즘 빌라 매매가 잘되지 않아서 돌려줄 돈이 없으니 집이 팔릴 때까지 기다려달라는 것이다. 이게 무슨 말도 안 되는 소린가? 계약 기간이 종료되면 당연히 전세금을 돌려주는 것이 상식 아닌가?

전세금을 돌려줄 능력도 안 되면서 이 집을 샀다는 것이 이해가 되지 않았다. 화가 치밀어 오르고 울컥했지만 집주인이 집을 보러 오는 사람이 있으면 시간 맞춰서 잘 보여주라는 말만 믿고 기다릴 수밖에 없었다.

며칠이 지나도 집을 보러 오는 사람은 없었다. 언제까지 기다릴 수는 없어서 근처 부동산 사무실에 방문해서 직접 매물을 내놓기로 했다. 그런데 부동산 사무실에서 더 황당한 얘기를 듣게 됐다.

현재 전세로 살고 있는 빌라의 매매 시세가 임차인인 신혼부부의 전세금 2억 4,000만 원보다 훨씬 적은 1억 8,000만 원 정도이고 그마저도 거래가 안 되는 상황이라고 했다. 이게 대체 무슨 말인가? 처음에 이 신축빌라를 계약할 때 부동산 사무실 실장이라는 사람이 빌라 분양가는 2억 8,000만 원이고 전세가는 2억 4,000만 원이라고 했는데 매매 시세가 1억 8,000만 원이라니 정말 황당하고 어이가 없었다. 부동산 사무실에서 등기부등본(등기사항전부증명서)을 열람해보니 기존 집주인과 새로운 집주인이 매매 계약한 금액은 임차인의 전세금과 같은 2억 4,000만 원이었다.

무언가 이상하다는 확신이 들었고 더는 참을 수 없어서 곧장 바뀐 집주인에게 연락했다. 매매 시세를 알아보니 전세금에도 한참 부족한 1억 8,000만 원이라는데 그 사실을 알고 이 집을 산 건지 따져 물었다. 그런데 바뀐 집주인은 전세 계약을 기존 집주인 하고 했으면서 전세금이 비싸다는 걸 왜 자기한테 따지냐며 되려 당당한 말투로 말했다. 바뀐 집주인은 같은 전세금액으로 새로운 전세 세입자를 구해오면 계약을 해줄 테니 정 급하면 직접 새 임차인을 구해오라는 황당한 얘기까지 했다.

신혼부부는 이제 기댈 곳이 없었다. 기존 집주인에게 따지면 자기는 관련이 없으니 바뀐 집주인과 얘기하라며 회피하고, 바뀐 집주인에게 말하면 저렇게 당당한 태도로 나오니 신혼부부는 더 답답할 수밖에 없었다.

며칠 동안 머리를 싸매고 깊은 시름에 빠졌다. 청약으로 당첨된 아파트가 다 지어져 새 아파트로 이사 간다는 행복한 생각은 고민으로 바뀌었다. 신혼부부가 이곳저곳에 알아보니 현재 당한 상황은 일명 '빌라 동시 진행'이라는 사기수법과 비슷했다. 아니 똑같다는 생각이 들었다.

빌라 동시 진행의 수법은 다음과 같다. 건축주가 신축빌라를 짓고 분양을 하려고 한다. 사실 빌라는 아파트보다 인기가 적어서 매매가 쉽지 않다. 그래서 처음 생각했던 매매금액보다 훨씬 높은 전세금액으로 임차인을 구해서 임대차 계약을 체결한 다음, 전세금을 돌려줄 능력이 없는 일명 바지사장에게 소유권을 넘기고 손을 터는 것이다. 신혼부부의 상황처럼 건축주인 기존 집주인은 팔았으니 이제는 자기와 관련이 없다며 모르쇠로 나온다.

많은 사람이 이런 게 어떻게 가능한지 의아해할 수 있지만 임차인이 사는 집을 집주인 마음대로 처분하는 행위는 법적으로 문제가 되지 않는다. 이걸 악용한다고 보면 된다(빌라 동시 진행 같은 전세 사기의 여러 가지 사례는 'PART 2'에서 자세하게 설명하겠다).

신혼부부는 이 사실을 알고 현재 상황을 받아들일 수밖에 없었다. 바뀐 집주인은 바지사장이 분명하기에 어떻게든 탈출구를 찾아야만 했다.

03

더 늦기 전에
집 소유권 가져가실래요?

며칠 뒤, 바뀐 집주인에게 연락이 왔다. 그의 태도는 너무나 당당했다.

자신도 얼른 그 빌라를 처분해서 전세보증금을 돌려주고 싶은데 요즘 빌라 시세가 떨어져서 어쩔 수가 없다며 2가지 방법을 제시했다. 첫 번째는, 기존에 얘기했던 것처럼 빌라가 팔릴 때까지 그냥 그 집에서 계속 산다, 두 번째는, 빌라 전세금이 2억 4,000만 원이니 내게 수고비 명목으로 500만 원을 주면 집 소유권을 넘겨주겠다는 것이었다. 두 번째는 신혼부부에게 이 빌라를 2억 4,500만 원에 사라는 말과 같았다.

여기에 집주인은 한마디 덧붙였다. 이런 식으로 빌라에 여러 채 투자를 했는데 전부 이렇게 상황이 좋지 않아서 재산세나 종합부동산세 같은 세금이 체납되어 있고 몇 달 뒤부터는 빌라에 압류가 들어간다고 했다. 그렇게 되면 집을 팔지도 못하고 새로운 임차인을 구할 수도 없으니 신혼부부에게 선택하라는 것이 아닌가! 자기도 어쩔 수가 없다며 해줄 방법은 이것뿐이라고 했다. 신혼부부는 억장이 무너졌지만 집주인이라는 사람의 태도에 황당하고 어이가 없어 그냥 듣고 있을 뿐이었다.

며칠 동안 고민에 밤잠을 설쳤다. 매매 시세가 전세금에도 훨씬 못 미치는 집을 떠안는 건 도저히 엄두가 나지 않았다. 거기에 추가로 500만 원까지 달라니 납득이 되지 않아 바뀐 집주인에게 거부 의사를 전했다.

그렇게 이러지도 저러지도 못하는 상황에서 시간은 흘러갔고 어느 날 등기부등본을 확인해보니 실제로 집주인이 예고했던 가압류, 압류가 들어와 있었다. 세금 체납과 집주인에게 돈을 빌려줬던 채권자들 때문이었다.

바지사장 사기수법에 당했다는 확신이 들었고 가만히 있을 수는 없어 이곳저곳에 상담을 받아 봤지만 속 시원한 해결방법은 없었다. 다들 똑같은 말만 했다. 전세보증보험만 가입했어도 계약 만료 이후 집주인이 전세금을 돌려주지 않는 상황이 되면 임차인이 전세보증보험을 통해 전세금을 온전히 받아서 나갈 수 있었을 텐데 왜 가입을 하지 않았는지 아쉬워했다.

사실 돌이켜보면 신혼부부는 전세 계약을 할 당시 부동산 사무실 실장에게 전세보증보험이 가능한지 물어봤고 그 실장은 가입이 가능하고 전입신고와 확정일자를 받으면 1순위로 우선 변제권이 있기 때문에 걱정하지 않아도 된다는 말을 들었다. 그렇게 안심하고 계약을 했고 잔금까지 치른 다음, 입주했다.

잔금 당일에는 이사 때문에 정신이 없는 상황이어서 우선 전입신고와 확정일자만 받았다. 그 이후에도 특별히 전세보증보험에 대한 필요성을 느끼지 못했는데 결국 이 상황까지 온 것이다(보증금을 지키기 위해 임차인이 꼭 알아야 할 전세보증보험, 임차권등기명령 등에 대해서는 뒤에서 자세하게 설명하겠다).

이제 신혼부부는 앞으로 무엇을 어떻게 진행해야 할지 정확하게 알지 못했다. 상담을 받으러 가는 곳마다 요즘에 이런 경우가 많고 어쩔 수 없이 손해 보고 그 집 소유권을 가져올 수밖에 없다는 말뿐이다. 하지만 집주인이 예고했던 대로 등기부등본에 이미 압류와 가압류가 들어와 있어서 소유권을 쉽게 가져오는 것도 이제는 불가능해졌다.

04

결과는 이미
정해져 있었다

바뀐 집주인에게 기대했던 신혼부부의 실낱같은 희망은 점점 사라져 갔다. 마음속으론 집주인을 만나서 두들겨 패고 욕을 바가지로 해주고 싶었지만 그래 봐야 본인만 힘들어질 게 뻔했다.

바뀐 집주인에게 하소연도 하고 제발 전세금을 돌려달라고 애원해봤지만 바뀐 집주인은 딱히 방법이 없다는 말만 계속했다. 이제는 바뀐 집주인의 전화기가 아예 꺼져있었다.

어차피 바뀐 집주인은 바지사장이고 전세금을 돌려줄 능력과 돈은 처음부터 없었기에 바뀐 집주인에게 더는 미련을 두는 건 의미가 없었다.

현실을 받아들여야 하지만 신혼부부 입장에서는 하루하루가 지옥이었을 것이다. 사건이 터지고 나서야 여러 곳에 법률 상담을 받아보면서 결과는 이미 정해져 있다는 것을 알게 됐다. 임차인이 직접 이 집을 경매로 낙찰받아 소유권을 가져오는 것뿐이다.

전입신고와 이사(점유), 계약서에 확정일자를 받은 임차인은 해당 집에 경매가 진행될 경우 순위대로 금전을 배당받을 수 있는 '우선변제권'이라는 아주 강력한 권리를 갖게 된다. 등기부등본에 근저당권이나 압류, 가압류 등 임차인의 보증금을 위협할 수 있는 권리가 없는 상태, 즉 등기부등본이 깨끗한 상태에서 해당 집에 1순위로 전입신고와 이사(점유)를 하면 대항력을 취득한다.

대항력을 취득한 임차인이 있는 집에 경매가 진행되면 경매 낙찰자는 임차인의 보증금 전액을 물어줘야 한다. 반대로 말하면, 대항력 있는 임차인은 경매가 진행되어 누군가에게 집이 낙찰됐어도 자신의 보증금 전부를 돌려받을 때까지 낙찰자에게 집을 비워주지 않아도 된다는 말이 된다. 즉, 정당한 점유를 인정받을 수 있는 아주 강력한 힘이 바로 대항력인 것이다. 그리고 계약서에 확정일자까지 받으면 앞서 말한 우선변제권이 생기는데 확정일자는 대항력이 없는 후순위 임차인이라도 받을 수 있다.

쉽게 말해, 근저당권 뒤에 전입신고와 이사를 하면서 확정일자를 받으면 대항력은 없으나 우선변제권은 있으며, 근저당권 같은 기타권리가 없는 상태에서 1순위로 전입신고와 이사하면서 확정일자를 받았다면 그 임차인은 대항력도 있고 우선변제권까지 있다고 보면 된다. 우선변제권은 배당순위라고 보면 되는데 등기부등본에 나와 있는 순위대로 금전을 배당받을 수 있는 권리다.

예를 들어, 여기 경매로 1억 원에 낙찰된 빌라가 있다. 그 빌라에 임차인이 살고 있는데 전세금은 1억 1,000만 원이다. 임차인에게 선순위 대항력과 우선변제권이 있는 경우 낙찰대금은 1억 원뿐이니 법원에서는 임차인에게 1억 원을 배당해준다. 전세금 1억 1,000만 원 중 임차인이 배당받지 못한 1,000만 원은 낙찰자에게 대항력을 주장해 받을 수 있다. 이처럼 배당을 받으려면 앞서 말한 우선변제권이 있어야 한다.

낙찰금액	1순위 임차인 전세금	임차인 배당액	임차인 미배당액 (낙찰자 인수액)
1억 원	1억 1천만 원	1억 원	1천만 원

반대로 근저당권이 있는 집이라고 가정해보자. 근저당권이 2,000만 원이고 임차인의 전세금이 1억 1,000만 원이라면 빌라가 1억 원에 낙찰될 경우 1순위인 근저당권자가 2,000만 원을 먼저 배당받고 나머지 8,000만 원을 임차인이 우선변제권으로 배당받게 된다. 임차인은 근저당권 뒤에 있는 후순위 임차인, 즉 대항력이 없는 임차인으로서 낙찰자에게 미배당금액 3,000만 원을 요구할 수 없는 채로 집에서 나가야 한다.

낙찰금액	1순위 근저당권	2순위 전세금	임차인 미배당액	낙찰자 인수액
1억 원	2천만 원 (2천만 원 배당)	1억 1천만 원 (8천만 원 배당)	3천만 원	없음

간혹 낙찰자가 나머지 돈을 줄 때까지 버티고 집을 안 비워주면 되지 않느냐는 질문을 받는다. 하지만 법적으로 대항력이 없는 임차인이므로 명도 대상에 해당하고 낙찰자는 법의 힘을 빌려 강제 집행을 할 수 있다. 즉, 후순위 임차인은 무조건 낙찰자에게 집을 인도해줘야 한다.

이처럼 임차인에게 대항력이 있느냐, 없느냐에 따라 결과가 크게 달라질 수 있다. 추가로 임차인이 같은 날에 전입신고를 하고 이사하면서 확정일자를 받았다면 그 효력은 다음 날 0시부터 발생하는데 기타권리들과 순위싸움을 할 때 아주 중요한 부분이 된다. 다음 날 0시부터 효력이 발생하는 문제로 보증금 피해를 보는 임차인도 많은데 이와 관련한 악성 전세 사기 사례도 뒤에서 세부적으로 설명하겠다.

앞에서 말한 신혼부부는 계약할 때 등기부등본을 꼼꼼히 살폈고 근저당권이나 압류 같은 권리들이 없는 상태에서 1순위로 전입신고와 이사 후 확정일자를 받았다. 필자에게 상담을 요청하는 임차인들 중 전입신고를 하지 않은 임차인도 간혹 있는데 신혼부부는 대항력과 우선변제권이 있어서 그나마 불행 중 다행이었다.

전세 계약 기간은 만료가 되어 지났고 바뀐 집주인은 연락이 되지 않는 상황에서 임차인인 신혼부부에게 가장 베스트는 무엇일까? 살고 있는 빌라를 경매 신청을 하고 누군가 낙찰을 받으면 앞서 말한 대로 우선변제권을 통해 배당받고 나머지 미배당금액은 낙찰자에게 대항력을 주장해서 받아내는 것이다. 안타깝게도 그렇게 될 확률은 거의 제로에 가깝다. 그 이유는 바로 시세 때문이다.

05

이 집을 떠안는 것이
최선의 방법

경매에 참여하는 입찰자들은 바보가 아니다. 자선사업가도 아니며 임차인을 불쌍히 여겨 돈을 더 주는 일은 결코 없다. 대부분 경매에 참여하는 입찰자들의 목표는 오로지 그 집을 시세보다 싸게 낙찰받아 시세차익을 남기고 되파는 것이다.

필자도 경매에 입찰을 많이 해봤고 낙찰을 받아보며 느꼈던 점이 있는데 경매 시장에서는 정말 피도 눈물도 없이 낙찰자와 임차인, 전 소유자 간에 날카로운 신경전과 다툼이 자주 발생한다. 어쩌면 당연한 일인지 모른다. 각자의 위치에서 서로 손해를 보지 않기 위해 신경이 날카로워질 수밖에 없을 것이다.

낙찰자는 시세차익을 내기 위해 최대한 낮은 금액으로 낙찰받으려고 노력할 것이며, 임차인은 보증금을 잃지 않으려고 낙찰자에게 방어벽을 칠 것이고, 전 소유자가 살고 있다면 집을 잃기 싫어서 과도한 이사비 등을 낙찰자에게 요구하며 대립각을 세울 것이다. 그렇지만 우리가 알아야 할 것이 1가지 있다. 경매는 법원에서 합법적인 방식으로 진행된다는 것이다.

입찰자들은 최대한 낮은 금액으로 낙찰받기 위해 해당 빌라 시세를 각자의 기준에 맞춰 조사한 뒤, 입찰금액을 산정하고 입찰에 뛰어든다. 신혼부부의 빌라 매매 시세인 1억 8,000만 원보다 높게 낙찰될 확률은 현저히 낮다는 말이다. 물론 낙찰가는 입찰자의 시세 조사 기준에 따라서 달라질 수 있지만 보통 부동산 사무실을 통해 매매할 수 있는 가격이 1억 8,000만 원이라면 경매 시 낙찰가는 1억 5,000만 원 정도 수준으로 예상해볼 수 있다. 금리가 상승하거나 개발 호재로 수요 변동이 있다면 낙찰가는 적어지거나 더 높아질 수도 있다.

신혼부부의 빌라에는 아무도 입찰하지 않을 것이다. 눈치가 빠른 독자라면 알 텐데 신혼부부는 선순위 대항력이 있는 임차인이기 때문이다. 누군가 1억 5,000만 원에 낙찰받더라도 임차인인 신혼부부는 전세금 2억 4,000만 원에서 1억 5,000만 원밖에 배당받지 못하므로 신혼부부가 배당받지 못한 9,000만 원을 낙찰자가 물어줘야 한다. 이렇게 되면 낙찰자는 일반 매매로 하면 1억 8,000만 원에 살 수 있는 빌라를 2억 4,000만 원에 사게된 꼴이다. 그것도 권리분석 등에 시간을 들여 복잡하게 경매로 취득한 셈이다.

예전에는 경매에서 가장 중요한 권리분석을 제대로 알지 못하고 입찰해서 큰 손실을 본 입찰자가 간혹 있었지만 요즘에는 거의 없다고 보면 된다. 그렇기에 누군가 낙찰받아 보증금을 배당받을 수 있을 것이라는 기대는 하지 않는 게 현명하다. 왜냐면, 대항력이 있는 임차인 입장에서 보증금 일부를 배당받지 못했다면 낙찰자에게 나머지 보증금을 요구할 것이고 입찰자는 임차인이 대항력을 포기한다는 약정 등을 해주지 않는 한 대항력이 있는 임차인 집에는 입찰하지 않을 것이기 때문이다.

신혼부부의 집은 계속 유찰되어 새로운 주인을 찾지 못할 확률이 크다. 그래서 신혼부부가 이 집을 떠안을 수밖에 없다. 하지만 그 과정도 쉽지만은 않으며 경매로 소유권을 취득하기까지 시간도 필요하다. 짧게는 수개월에서 상황에 따라 길게는 2년 정도가 소요될 수도 있다.

보통 임차인이 직접 경매를 신청하는 경우 법원에 보증금 반환 소송 등을 통해 집행권원을 받아 강제경매를 신청하게 된다. 법원은 절차대로 해당 집 등기부등본에 기재된 이해관계인들에게 경매 사실을 알리고 감정평가사를 통해 해당 집의 현 시세를 파악해 감정가를 산정하게 한 다음, 특별한 문제가 없으면 경매를 시작한다.

감정가는 시세와 다른 경우가 많다. 시세보다 높기도 하고 적기도 한다. 예를 들어, 전세금이 2억 4,000만 원인 빌라의 감정가가 2억 2,000만 원으로 정해질 수도 있다. 이것이 바로 깡통전세의 역전세다.

임차인이 낙찰받으려면 임차인의 보증금 한도인 2억 4,000만 원 내에서 입찰해야 한다. 2억 4,000만 원보다 높게 입찰하면 돈을 더 납부해야 하기 때문이다.

여기서 주의할 점이 있다. 보증금을 배당받을 수 있는 우선변제권이 있는 임차인보다 먼저 배당받는 권리들이 있다. 대표적으로 해당 집에 과세된 당해세(종합부동산세 등) 등이 있는데 임차인은 이러한 금액들을 입찰 전에 해당 법원 경매계에서 반드시 확인한 뒤 입찰에 참여해야 한다.

임차인이 입찰할 때 알아야 하는 상계신청

임차인이 입찰하려고 할 때 가장 크게 걱정하는 부분이 있다. (예를 들어) 임차인이 2억 원으로 입찰하려고 하는데 2억 원을 임차인 돈으로 전부 법원에 납부한 뒤 임차인이 다시 우선변제권으로 2억 원을 배당받는 것인지 말이다. 그렇게 되면 임차인은 2억 원이라는 큰돈을 어디서 구해야 할지 난관에 빠질 것이다.

걱정할 필요는 없다. 임차인은 법원에 '상계신청'을 하면 된다. 만약 입찰금액 2억 원을 임차인이 납부했다면 당해세 등을 차감한 뒤 임차인이 다시 우선변제권으로 배당받기 때문에 불필요한 절차를 줄이기 위해 상계신청을 한다. 임차인이 법원에 상계신청을 하려면 낙찰 후 일주일 내에 해당 법원 경매계에 신청서를 작성해서 제출해야 한다. 기간을 넘기면 상계신청이 허가되지 않으니 주의한다.

상계신청이 가능한 금액의 범위는 임차인의 전세보증금 전액이 아니라 임차인이 실제 배당받을 수 있는 금액에 한정되므로 입찰 전에 모든 계산을 철저히 시뮬레이션해봐야 한다. 임차인이 자신의 보증금보다 더 높은 금액으로 낙찰받으면 당연히 추가로 납부할 금액은 높아진다. 그러므로 임차인이 직접 낙찰을 받는다면 입찰금액은 주변 시세 등을 확인하고 신중하게 결정해야 한다.

예를 들어보자. 임차인 보증금이 2억 원인 집을 2억 원에 낙찰받았다면 임차인은 원칙상 최저 매각 가격의 10%를 입찰 시 입찰보증금으로 납부한다. 그리고 그 금액을 제외한 나머지를 잔금일까지 납부해야 한다. 해당 집에 과세된 당해세(종합부동산세 등) 등은 낙찰대금에서 임차인보다 먼저 배당받게 된다.

임차인의 전세보증금이 2억 원인 상황에서 임차인보다 앞선 당해세 등이 1,000만 원이라면 총낙찰대금 2억 원에서 1,000만 원을 제외한 1억 9,000만 원을 임차인이 우선변제권으로 배당받을 수 있다. 여기서 상계신청이 가능한 금액은 임차인이 실제 배당받을 수 있는 1억 9,000만 원으로 한정된다.

그러므로 임차인이 직접 낙찰받을 계획이라면 입찰 전에 해당 법원 경매계에 방문해 보증금보다 먼저 배당받는 당해세 등을 미리 확인해서 향후 추가로 납부해야 할 금액을 계산해봐야 한다.

앞에서 말한 신혼부부는 이렇게 많은 공부를 한 뒤 입찰했고
빌라를 낙찰받았다. 원하지 않던 그 빌라에 어쩔 수 없이 거주
하며 향후 매매를 계획 중이다.

06

바지사장은
만세 부를 준비가 되어 있었다

바지사장을 내세운 빌라왕, 오피스텔왕 등이 뉴스에 매일 나오면서 빌라를 매수하려는 수요가 급격히 준 와중에 수요에 영향을 미치는 금리 인상까지 반영되어 갈수록 매매가 더 어려워지고 있다.

향후 부동산 시장이 안정된다고 해도 빌라 매매가는 원래 전세금에도 미치지 못할 것으로 신혼부부도 예상하고 있다. 신혼부부는 금전적 손해를 보는 상황에 많이 힘들었지만 그동안 겪었던 정신적 고통과 힘든 과정을 이제는 마무리할 수 있어서 한편으론 후련하다고 한다.

필자가 지금까지 말한 사례는 임차인의 보증금을 노리는 전세 사기 중 일부에 불과하다. 사실 신혼부부가 해당 빌라를 계약할 때부터 사기유형으로 의심할 수 있는 문제점이 여럿 있었지만 부동산에 대해 잘 모르는 일반인이라면 눈치채기가 상당히 어려웠을 것이다(전세 사기를 당하는 원인과 문제점, 대응방법은 뒤에서 자세하게 설명하겠다).

필자의 유튜브 채널에 많은 댓글이 달리는데 그중에서 전세 사기를 당한 피해자들을 답답해하며 '바보도 아니고 싫은 집을 굳이 낙찰까지 받아 더 힘들어 하냐?', '차라리 낙찰을 받지 말고 집주인을 끝까지 쫓아가서 달라고 하면 되지 않느냐?' 등의 댓글을 종종 보게 된다. 그런 댓글을 다는 사람에게는 미안한 말이지만 그런 생각을 하고 있다면 앞으로 이런 전세 사기의 피해 예정자가 될 확률이 커 보인다.

사람들은 각자의 분야에서 자기만의 직업을 갖고 살아간다. 이 말은 사회초년생이거나 부동산 분야에 있지 않거나 부동산 관련 법에 관심이 없는 상태에서 이런 전세 계약을 한다면 사기를 당하거나 손해를 보는 등 어떤 식으로든 피해를 볼 확률이 클 수 있다는 것이다.

앞에서 말한 빌라의 바지사장은 돈이 없다. 처음에 소유권을 이전받을 때부터 임차인의 전세금을 돌려줄 능력은 없는 상태였으며 소유권을 이전받는 조건으로 약간의 수수료를 받았을 것이고 기존 집주인은 바지사장에게 갭투자라는 포장지를 씌워 판을 만든 뒤 모든 일이 마무리되면 사라질 것이다. 결국 임차인만 외롭게 남게 되는 것이다.

바지사장이 소유권을 이전받았는데 이후 빌라 가격이 전세금 이상으로 상승했다면? 그때도 바지사장이라고 불렸을까? 아니다. 성공한 갭투자였다며 주변에서 부러움의 대상이 됐을 것이다. 만약 신혼부부의 빌라가 3억 원으로 올랐다면 당연히 바지사장은 잠적하지 않고 어떻게든 집을 팔아 전세금 2억 4,000만 원을 돌려주고 나머지 차액인 6,000만 원을 챙겼을 것이다.

보통 바지사장은 수십 채에서 수백 채까지 소유권을 이전받는 경우가 많다. 10채의 빌라 소유권을 이전받았는데 1채당 6,000만 원이 상승했다면 총 6억 원이다. 물론 양도소득세를 제외한다면 순이익은 낮아지겠지만 그래도 엄청난 돈을 벌게 될 것이다.

여기서 1가지 생각해볼 부분이 있다. 빌라든 아파트든 임차인들은 왜 이렇게 전세를 선호하는 것일까? 필자가 부동산 사무실을 운영하며 만나왔던 임차인들은 대부분 집을 월세로 살면 지출이 많아지니 돈을 모으기가 어렵다고 한다. 그런데 아이러니한 게 전세로 들어가면서 전세 대출을 받아 잔금을 치르는 경우가 대부분이다. 사실 전세로 살면서 매달 내는 전세 대출 이자와 매달 집주인에게 내는 월세 간 차이가 생각보다 그리 크지 않는 경우가 많다. 전세 대출 이자가 월세보다 적다는 이유도 있고 필자의 경험으로는 아직 우리나라 사람들은 사회적으로 볼 때 월세를 살면 무시당한다는 생각을 꽤 많이 하는 것 같다.

지금도 집 내부만 보고 등기부등본에 아무것도 없으면 안전한 집이라 생각하고 앞뒤 재보지 않고 계약하는 사람들이 있다. 좀 더 알아보자고 하면 자신은 절대로 사기 같은 것에 당하지 않는 똑똑한 사람이라고 한다.

필자가 부동산 사무실을 운영하면서 자기는 집이 어디 어디에 몇 채가 있다며 은근 자랑하는 집주인을 많이 만나게 된다. 필자는 그런 사람을 진짜 부자라고 생각하지 않는다. 그런 집주인들의 집 대부분에는 매매가와 크게 차이가 없는 전세금액으로 임차인이 살기 때문이다.

상식적으로 봐도 정말 부자라면 투자한 집에 대출 없이 월세로 임차인을 들여서 월세 수익을 낼 것이다. 전세로 임차인을 들이는 집주인은 그 전세금을 받아서 전부 다른 곳에 쓰든지, 아니면 그 집을 살 때 집값이 없으니 전세금으로 집 매매대금을 치르면서 소유권을 이전받는 갭투자를 했을 것이다. 여기서 중요하게 봐야 하는 부분이 있다. 임차인이 대출까지 받아서 준 전세금이 다른 사람들 손에서 움직이고 있다는 것이다.

물론 착한 임대인도 많다. 하지만 보증금을 돌려주지 않고 만세를 부르는 악성 임대인도 꾸준히 증가하고 있으며 이에 따른 피해는 고스란히 임차인이 볼 수밖에 없다는 것이 가장 큰 문제점이다.

바지사장 입장에서 보면, 앞에서 말한 신혼부부의 빌라를 오르면 내 것이고, 떨어지면 임차인 것이라고 생각할 것이다. 이렇게 바지사장은 속칭 만세를 부를 준비가 되어 있었던 건데 임차인 입장에서는 계약할 때 이를 알아내기가 어려운 것이 사실이다.

이렇게 임차인이 피해를 보는 상황이 발생할 수밖에 없는 정부의 시스템이 하루빨리 개선되어야 하지만 임대인과 임차인, 채권자들의 이해관계가 복잡하게 얽혀있어서 단시간에 모든 게 해결되기에는 어려우므로 우리는 이와 관련한 내용을 알아두면 좋다. 아니 꼭 알아야만 내 전부인 보증금을 지킬 수 있다고 필자는 생각한다.

다음 2장에서는 바지사장처럼 집주인이 보증금을 돌려주지 않을 때 서둘러서 해야 할 행동과 하지 말아야 될, 아주 중요한 부분을 설명하겠다.

2 장

발 빠르게
움직여라

전세 계약이 만료됐는데도 집주인이 보증금 반환을 미루거
나 거부하는 일이 자주 발생하는데 이러한 상황에서 임차인
은 집주인의 말만 무작정 믿고 기다리면 절대 안 된다.

임차인은 만일을 대비해 집주인에게 계약 갱신 거절부터 정
확하게 통지해야 하며 최악의 경우 경매까지 진행해야 한다.
그러기 위해서는 적법한 절차대로 임차인이 발 빠르게 움직
여야 하는데 이번 장에서 그 내용을 확인해보자.

01

계약 갱신
거절부터 해라

바지사장처럼 계약 기간이 만료가 됐는데도 불구하고 집주인이 보증금을 돌려주지 않거나 연락이 되지 않는다면 임차인은 그 집에서 하루라도 빨리 나가고 싶을 것이다.

그렇다면 먼저 집주인에게 계약 갱신을 하지 않겠다는 의사 표시를 해야 한다. 새로운 임차인을 구할 때까지 기다리라고 명령하듯 뻔뻔하게 말하는 집주인도 있는데 그것은 엄연히 잘못된 행동이다. 계약 기간이 만료하면 임차인은 집주인에게 임차 목적물인 집을 반환하고 집주인은 임차인에게 보증금을 돌려줘야 한다. 즉, 임차인이 이삿짐을 싸고 있으면 집주인은 집을 확인하고 특별한 문제가 없으면 동시에 보증금을 돌려줘야 한다.

하지만 이를 무시한 채 갑질하는 집주인이 아직도 많다. 필자가 현장에서 일하다 보면 이러한 이유로 사회적 약자의 위치에 있는 임차인들이 어쩔 수 없이 이러지도 못하고 저러지도 못하며 끙끙 앓고 있는 상황을 자주 보게 된다.

집주인이 바지사장이든 아니든 집 계약 기간을 연장하지 않고 나가고 싶다면 먼저 계약 갱신 거절을 해야 한다. 예를 들어, 임차인이 계약 기간 2년으로 임대차 계약을 했다면 계약 기간 만료 6개월~2개월 전까지 집주인에게 계약을 연장하지 않고 나가겠다는 갱신 거절을 통지해야 한다(참고로, 계약 기간 만료 6개월~2개월 전까지 집주인과 임차인이 계약 갱신 거절을 통지하지 않았으면 자동으로 계약이 전과 동일한 조건으로 다시 임대차한 것으로 본다. 이를 '묵시적 갱신'이라고 한다. 묵시적 갱신이 된 경우 임차인은 언제든지 임대인에게 해지 통지를 할 수 있다. 임대인이 해지 통지를 받은 날로부터 3개월이 지나면 그 효력이 발생하고 그때 임대인은 임차인의 보증금을 반환해줘야 한다).

갱신 거절을 통지할 때는 집주인에게 도달했다는 것이 증명되어야 한다. 보통 문자나 카톡으로 갱신 거절을 하는 경우가 많은데 임차인이 갱신 거절의 내용을 보냈다고만 해서 되지 않는다. 집주인이 충분히 확인해야 하는 상태가 되어야 임차인에게 유리하다. 갱신 거절에 대해 동의했다는 집주인의 답장까지 받아놓으면 더 정확하다.

예컨대 임차인이 갱신 거절 관련 내용의 문자를 집주인에게 보냈는데 나중에 집주인이 그런 문자를 받은 적이 없다고 하면서 계약 갱신이 됐다고 주장하면 다툼의 여지가 있어 문제가 발생할 수 있으므로 집주인이 갱신 거절에 동의했다는 답변을 받는 것이 중요하다. 또한, 집주인이 문자나 카톡을 읽지 않거나 답변이 없어서 명확한 의사 표시를 위해 전화 통화로 갱신 거절을 통지할 때 녹음을 해놓는다면 향후 문제 발생 시 법정에서 임차인이 더 유리해질 수 있다. 임차인은 꼭 집주인과의 대화 내용을 증거로 남겨둬야 유리하다.

전세 계약 기간 중 전세 사기가 의심되면 전세 계약 중도 해지를 통해 서둘러 계약을 종결시키는 것도 좋은 방법이다. 계약 기간이 종료될 때까지 기다렸다가 집주인의 재정 상황이 더 악화하면 그 피해는 고스란히 임차인에게 전가될 수 있기 때문이다.

임차인이 중도 해지를 하기 위해서는 집주인이 집 내부 하자 보수를 이행하지 않았다거나 계약서에 명시했던 조건들을 이행하지 않았다는 등 집주인의 귀책사유가 필요하다. 이를 근거로 중도 해지를 할 경우 반드시 법률 전문가와 상담을 통해 상황을 파악한 뒤 진행해야 한다.

집에 거주하는 임차인이 봤을 때는 하자가 없어 보여도 노하우가 있는 법률 전문가는 분명 중도 해지를 위한 하자 등 적합한 사유를 찾아내어 주장해줌으로써 임차인의 피해를 줄여줄 수 있기 때문이다.

연락이 안 되면 내용증명을 보내라

바지사장처럼 집주인이 연락을 받지 않거나 집주인에게 더 명확한 갱신 거절의 의사 표시를 하고 싶다면 임대차 계약을 해지한다는 내용증명을 보내는 것도 좋은 방법이다. 사실 내용증명 자체만으로는 법적 효력이 없지만 향후 법적 다툼 시 근거자료로 활용할 수 있는 중요한 카드가 된다.

임차인은 분명 집주인에게 문자나 카톡으로 갱신 거절을 알렸는데 집주인은 이를 받지 못했다고 발뺌하거나 어떤 사유로 정말 집주인이 받지 못했다면 서로의 이익을 위해 법정까지 가서 다투는 일이 발생한다. 이때 임차인에게 유리하게 작용할 수 있는 근거자료로 내용증명을 보내는 것이다.

내용증명이란, 누가 누구에게, 언제, 어떤 내용 때문에 문서를 발송했는지를 우체국에 기록으로 남기는 것이다. 내용증명을 보내는 방법은 간단하다. 수신인과 발신인의 인적사항 및 주소, 해당 부동산의 표시, 임대차 계약 내용, 임대차 계약 해지 표시, 향후 계획 등을 기재해 총 3부를 만들고 우체국을 통해 집주인에게 발송하면 된다. 1부는 임차인의 것, 1부는 집주인에게 보내는 것이고, 나머지 1부는 우체국에서 보관해 향후 입증자료로 활용할 수 있다.

내용증명의 양식은 따로 정해져 있지 않으니 인터넷을 검색해서 나온 양식을 사용하면 된다. 참고해서 최대한 간결하고 정확하게 작성해야 한다. 향후 계획에 '언제까지 보증금 전액을 반환하지 않을 시 법적 절차를 진행하겠다'라는 내용까지 기재해서 엄포를 놓는다면 집주인을 압박하는 데 좀 더 효과적이다.

　분명 내용증명을 작성하는 일에 부담을 느끼는 임차인이 많을 것이다. 그러면 변호사나 법무사 등의 전문가에게 의뢰하면 된다. 해당 사안에 관련된 법리적인 부분을 잘 모르기 때문에 굳이 기재하지 않아도 될 부분까지 기재해 임차인 본인에게 피해가 발생하게 할 수도 있으니 전문가에게 의뢰할 것을 추천한다. 또한, 임차인 본인이 작성한 내용증명보다 변호사가 직접 법적 조치를 취한다는 내용으로 변호사 이름이 기재된 내용증명을 집주인이 받아본다면 좀 더 긴장시킬 수도 있다. 약간의 비용이 발생하므로 선택은 임차인 본인의 몫이다.

　이렇게 집주인에게 임대차 계약을 해지한다는 내용증명을 보냈다고 해서 끝나는 건 아니다. 임차인이 보낸 내용증명이 집주인에게 도달했는지가 중요하다. 내용증명을 한 번 보내면 갱신거절이 된 것으로 착각하는데 잘못된 생각이다.

　내용증명을 보내는 것만으로는 안 되고 그 내용증명이 집주인에게 도달해야 한다. 그런데 집주인이 집에 없어서 받지 못하거나 바지사장처럼 서류상 주소와 실제 주소가 다른 경우 다시 반송되어 돌아오기도 한다. 이렇게 되면 내용증명을 보내지 않은 것과 같다. 즉, 집주인에게 도달하지 않은 내용증명은 임대차 계약 해지의 효력이 발생하지 않는다고 할 수 있다.

　내용증명이 집주인에게 도달했는지 안 했는지 아는 방법이 있다. 우체국 홈페이지(www.epost.go.kr)에서 등기번호를 입력하면 진행 상태를 확인할 수 있다.

집주인에게 발송한 내용증명이 폐문부재(문이 잠겨 있고 연락이 안 되어 전달이 불가능함)나 수취인불명 등의 사유로 우편송달이 안 된다면 마지막 방법으로 법원에 의사 표시의 공시송달을 신청하면 된다. 내용증명이 집주인에게 도달은 안 됐지만 법원의 결정으로 임차인의 의사 표시가 집주인에게 도달된 것으로 간주하는 제도다.

공시송달을 신청했다고 해서 바로 법원의 결정이 나는 것은 아니다. 법원에서 주소 보정명령, 특별송달 등의 방법을 거친 이후에도 집주인에게 송달이 안 됐을 때 법원의 결정문이 나오게 된다. 공시송달이 결정되면 법원 게시판에 결정문이 게시되고 2주가 지나면 효력이 발생하는데 공시송달에는 1~2개월 정도가 걸릴 수 있다.

임대차 계약 해지 통지를 할 때 보통 문자나 전화 통화, 내용증명으로 끝난다. 추가로 바지사장 사례처럼 집주인이 연락이 전혀 되지 않아 소송 등을 하거나 전세보증보험을 청구해야 하는 경우가 발생하는데 이때 공시송달제도를 알아두면 좋다.

02

전입신고, 짐을 빼면 큰일 ①
대항력, 우선변제권

임차인이라면 무조건 알아야 할 점이 있다. 보증금을 날리는 피해를 입은 임차인들은 사소한 것을 놓쳐서 문제가 된 경우가 많았다.

필자가 운영하는 유튜브 채널에서 '임차인이 왜 그런 부분까지 알아야 하나요?'처럼 답답함을 토로하는 댓글을 자주 본다. 맞는 말이다. 비교적 사회 약자의 위치에 있는 임차인이 복잡한 법률 지식까지 알아야 보증금을 지킬 수 있다는 건 필자가 생각해봐도 약간 무리가 있어 보인다.

하지만 알아야 당하지 않는다. 그냥 무작정 '나는 아니겠지'라는 안일한 생각으로 계약했다가 곳곳에 숨어 임차인의 보증금을 노리는 악당들의 먹잇감이 될 수 있으므로 똑똑한 임차인이 되어 피해를 보지 않길 바란다.

1장에서 언급했듯이 계약한 집의 등기부등본에 근저당권이나 압류 등 임차인에게 불리한 기타권리가 없는 상태에서 임차인이 전입신고와 이사(점유)를 하면 그다음 날 0시부터 대항력이라는 강력한 힘이 생긴다. 이를 대항력 있는 선순위 임차인이라고 하는데 사는 집에 경매가 진행됐을 때 낙찰자에게 보증금 전부를 요구할 수 있는 권리다. 임차인이 보증금 전액을 돌려받을 때까지 그 집을 계속 사용할 수 있다는 말이다. 경매하는 사람들에게 선순위 임차인은 무서운 존재다. 그만큼 아주 강력한 권리다.

전입신고는 새로운 거주지로 이사한 날로부터 14일 이내에 하면 되는데 시일 내에 하지 않으면 약간의 과태료가 발생할 수도 있다. 전입신고를 할 때는 임차인이 신분증을 갖고 이사한 집 근처 행정복지센터(동주민센터)에 직접 방문하거나 인터넷으로는 정부24(www.gov.kr)에서 할 수 있다.

이렇게 1순위로 전입신고와 이사(점유)를 해서 대항력을 갖추고 계약서에 확정일자를 받으면 경매에서 순위대로 배당받을 수 있는 우선변제권이 생긴다. 확정일자는 임차인 신분증과 계약서를 갖고 행정복지센터나 법원 등기소 등에 방문하거나 인터넷등기소(www.iros.go.kr)에서도 부여받을 수 있다. 잔금을 치르기 전이나 전입신고를 하기 전이라도 확정일자는 받을 수 있다. 보통 잔금 날 이사하면서 행정복지센터에 방문해 전입신고와 확정일자를 받으니 참고한다.

계약서에 확정일자를 받지 않았다면 경매에서 보증금을 배당받을 수 있는 우선변제권은 없다. 즉, 경매가 진행될 경우 낙찰 대금에서 한 푼도 배당받을 수 없다.

이럴 경우 전입신고와 이사(점유)를 해서 구비한 대항력으로 낙찰자에게 보증금을 요구할 수밖에 없는데 선순위 대항력을 구비한 임차인만 가능하다. 확정일자만 받았다고 해서 우선변제권이 있는 것은 아니고 '전입신고+이사(점유)+확정일자'를 받아야만 우선변제권이 생긴다. 3개 중에 하나라도 빠지면 우선변제권은 없다.

이렇게 우선변제권을 확보했다면 임차인은 경매절차에서 보증금을 배당받기 위해 배당 요구 종기일까지 배당 요구를 해야만 우선변제권으로 배당받을 수 있다.

전입신고 및 점유를 하면 대항력은 다음 날 0시부터 발생하는데 대항력도 전입신고와 점유를 필수 요건으로 한다. 쉽게 말해, 전입신고는 했는데 임차인이 집을 점유하지 않으면 대항력은 없다. 반대로 전입신고는 하지 않고 임차인이 그 집을 점유만 하고 있어도 대항력은 발생하지 않는다.

여기서 많은 임차인이 궁금해하는 부분이 있을 것이다. '점유'의 범위를 대체 어느 정도까지 볼 것인지 말이다. 집에 짐을 꽉 채워서 살아야 하는지, 집에 짐이 없어도 되는지, 집에 짐만 놓고 살지 않아도 되는지, 아니면 매일 그 집에 살아야 하는지 말이다.

　결론부터 말하자면, 최소한의 짐만 있어도 되고 매일 그 집에 살지 않아도 된다. 직장이나 어떤 사유 때문에 다른 곳에 지내는 날이 더 많을 수 있고 침대나 가구처럼 큰 짐이 없이 사는 사람도 많아서 딱 정해져 있지는 않다. 생필품과 밥솥, 이불, 옷가지 몇 개만 있어도 점유로 인정받기에 충분하고 짐이 없는 상태에서도 대항력을 인정받는 경우도 있다. 집 열쇠나 비밀번호를 임차인만 알고 있고 다른 사람에게 공유하지 않으면서 문단속을 잘해야 하는 것이 중요하다. 혹시나 다른 곳으로 짐을 빼야 한다면 앞서 말한 이불이나 옷가지 등 최소한의 짐을 두고 사진으로 남겨놓는 것이 안전하다. 그만큼 점유도 중요하기에 꼭 기억하길 바란다.

　임차인이 계약 후 전입신고를 하고 가족과 함께 살다가 직장 등의 이유로 임차인 본인만 다른 곳으로 전출하는 경우가 있을 수 있다. 임차인의 배우자나 자녀 등 가족의 주민등록은 해당 집에 남겨둬야 대항력을 유지할 수 있다고 해석하는 것이 통설이고 대법원 판례에서도 임차인 가족의 전입신고를 인정해 준다. 이는 임차인을 보호하기 위해 그 범위를 폭넓게 인정하고 있음을 말해주고 있다.

　하지만 원칙상 주택임대차보호법 제3조(대항력) 제1항에서 규정하고 있는 임차인은 임대차 계약을 체결한 임차인이므로 향후 임차인으로서 대항력 유무의 분쟁 소지가 없게 하려면 임차인의 전입신고가 유지되어야 가장 안전할 것이다.

　이렇게 전입신고와 점유가 중요한데 이를 통해 취득한 대항력과 계약서에 확정일자를 받아 생긴 우선변제권의 중요한 점을 사례로 알아보자. 예를 들어, 5월 1일에 전입신고를 하고 이사를 들어가면 대항력은 다음 날 0시부터 효력이 발생한다.

- 전입신고 및 이사: 5월 1일 → 대항력 5월 2일 0시 발생
- 확정일자: 5월 1일 → 우선변제권 5월 2일 0시 발생

　여기에 전입신고와 이사를 한, 같은 날에 확정일자를 받았다면 우선변제권의 효력도 다음 날 0시부터 발생한다.

　또 다른 상황을 예로 들어보자. 4월 1일에 임대차 계약을 하면서 먼저 계약서에 확정일자를 받아두고 5월 1일에 전입신고와 이사를 했다면 대항력과 우선변제권의 효력은 5월 2일 0시부터 발생한다.

- 전입신고 및 이사: 5월 1일 → 대항력 5월 2일 0시 발생
- 확정일자: 4월 1일 → 우선변제권 5월 2일 0시 발생

　쉽게 말해, 계약서에 확정일자를 먼저 받았다면 대항력이 생기는 날에 우선변제권의 효력이 발생하고, 확정일자를 나중에 받았다면 확정일자를 받은 날에 우선변제권이 생긴다.

더 많은 케이스가 있지만 임차인 입장에서는 이 정도만 알아두면 좋다. 우선변제권의 효력이 발생하려면 전입신고와 점유라는 요건이 필수적이기 때문에 절대로 전입신고와 점유를 놓치면 안 된다는 것이 중요하다.

만약 전입신고를 하지 않았을 경우 어떤 상황이 발생할지 알아보자. 예를 들어, 매매 시세가 2억 원인 빌라에 전세 1억 5,000만 원으로 들어갔다고 가정해보자.

임차인은 5월 1일에 전입과 이사, 확정일자를 받았으므로 대항력 및 우선변제권은 5월 2일 0시부터 발생한다. 그런데 집주인이 다른 사람에게 돈을 빌리면서 5월 3일에 등기부등본에 근저당권이 설정됐다고 해보자. 근저당권은 물권으로서 접수 당일 즉시 효력이 발생한다.

- 임차인(1억 5천만 원): 5월 1일(전입신고+이사+확정일자) → 대항력 및 우선변제권 5월 2일 0시 발생
- 근저당(2억 원): 5월 3일 → 즉시 효력 발생

즉, 임차인의 대항력 및 우선변제권이 근저당권보다 앞서기 때문에 선순위 대항력을 가진 임차인이 되므로 이후 경매가 진행되어도 우선변제권으로 인해 낙찰대금에서 근저당권보다 앞서 배당을 받게 된다. 전액 배당을 받지 못하면 낙찰자에게 대항력을 주장해 나머지 보증금을 요구할 수 있다. 낙찰자에게 인

수되는 임차인이다.

그런데 이 상황에서 임차인이 어떤 사유로 전입신고를 잠깐 다른 곳으로 전출했다가 5월 5일에 다시 그 집에 전입신고를 하면 아주 큰 문제가 발생한다.

- 임차인(1억 5천만 원): 5월 5일(전입신고+이사+확정일자) → 대항력 및 우선변제권 5월 6일 0시 발생
- 근저당(2억 원): 5월 3일 → 즉시 효력 발생

선순위였던 임차인의 대항력과 우선변제권은 5월 6일 0시로 밀리게 되어 5월 3일 설정된 근저당권이 1순위가 된다. 이렇게 된 상황에서 경매가 진행되면 낙찰대금에서 근저당권이 먼저 배당받고 나머지를 임차인이 배당받게 된다.

근저당권 2억 원이 먼저 배당을 받고 나면 현실적으로 임차인이 배당받을 금액은 없을 것이다. 또한, 근저당권은 경매에서 말소기준권리가 되기 때문에 근저당권 이후의 권리들은 말소된다(말소기준권리는 경매 용어다). 근저당권, 저당권, 압류, 가압류, 경매 개시 결정등기 등이 말소기준권리가 되는데 이 권리보다 앞선 임차인은 낙찰자에게 인수되며 이 권리보다 뒤에 있는 임차인의 권리는 소멸한다고 보면 된다.

쉽게 말해, 임차인은 근저당권 뒤에 있으므로 대항력이 없어서 낙찰자에게 보증금을 요구할 수 없고 명도 대상이 되어 그 집

에서 쫓겨나게 된다. 대항력 있는 선순위 임차인처럼 낙찰자가 돈을 줄 때까지 버틴다고 될 게 아니고 법적으로 명도 대상이기에 강제 집행을 당해 쫓겨날 수밖에 없다. 이만큼 전입신고와 점유, 확정일자가 중요한 것이다.

사실 더 많은 사례가 있지만 바지사장처럼 집주인이 보증금을 돌려주지 않거나 연락이 되지 않을 때 사회초년생, 부동산 관련 법에 미숙한 임차인의 발 빠른 대처를 돕기 위해 최대한 쉽게 설명하는 것이 이 책의 목적이므로 이 정도의 내용만 숙지해둔다면 많은 도움이 될 것이다.

지금까지 설명한 내용이 생소하고 이해가 쉽지 않겠다고 필자도 어느 정도 예상하고 있다. 그래도 많은 사례 중 이 정도는 꼭 알아둬야만 큰 손해를 예방할 수 있다고 필자는 생각한다.

03

전입신고, 짐을 빼면 큰일 ②
최우선변제권

지금까지 대항력과 우선변제권을 알아봤다. 이제 최우선변제권을 확인해보자.

최우선변제권은 말 그대로 다른 권리보다 최우선으로 해서 변제받을 수 있는 권리라고 보면 된다. 주택임대차보호법에 의해 임차주택에 경매나 공매가 진행될 경우 임차인이 소액임차인에 해당하면 보증금 중 일정액을 다른 담보물권자보다 우선해서 변제받을 수 있는 권리다.

이때 임차인은 낙찰대금 2분의 1 범위 내에서 최우선변제를 받을 수 있는데 조건이 있다. 지역별로 정하고 있는 임차인의 보증금이 소액에 해당해야 하고, 경매 개시 결정 기입등기 이전에 대항 요건(전입신고 및 점유)을 갖춰야 하는데 선순위 임차인이든 후순위 임차인이든 순서를 따지지 않고 확정일자의 유무도 따지지 않는다.

경매가 진행되면 배당 요구 종기일이 정해지는데 그 기한 내에 반드시 배당 요구를 해야 하며 배당 요구 종기일까지 대항 요건(전입신고 및 점유)을 계속 유지해야 보증금 중 일정액을 최우선으로 변제받을 수 있다. 하지만 기존 임차인의 임차권이 등기된 집에 들어간 임차인은 최우선 변제 대상이 아니다.

임차인의 보증금이 소액임차인에 해당하는지 지역별 범위와 최우선변제 금액을 확인해보자.

시행일자	지역	소액임차인	최우선 변제금액
2021년 5월 11일 부터	서울특별시	1억 5,000 이하	5,000 이하
	수도권과밀억제권역 및 용인, 세종, 화성, 김포	1억 3,000 이하	4,300 이하
	광역시 및 안산, 광주, 파주, 이천, 평택	7,000 이하	2,300 이하
	그 밖의 지역	6,000 이하	2,000 이하
2023년 2월 21일 부터	서울특별시	1억 6,500 이하	5,500 이하
	수도권과밀억제권역 및 용인, 세종, 화성, 김포	1억 4,500 이하	4,800 이하
	광역시 및 안산, 광주, 파주, 이천, 평택	8,500 이하	2,800 이하
	그 밖의 지역	7,500 이하	2,500 이하

• 단위: 만 원

예를 들어, 2023년 6월 서울에 있는 빌라에 보증금 1억 6,000만 원으로 임대차 계약을 하고 살다가 이후 집이 경매로 넘어갈 경우 5,500만 원까지 최우선변제를 받을 수 있다. 나머지 보증금은 확정일자를 받아 취득한 우선변제권으로 순위대로 배당받을 수 있다.

최우선변제는 임대차 계약 시 먼저 설정된 근저당권이 있다고 해도 근저당권보다 먼저 배당받을 수 있는데 주의할 점이 있다. 임대차 계약 시 등기부등본에 먼저 설정된 근저당권이 있었다면 임차인의 최우선변제금 기준이 되는 시점은 현재가 아닌 근저당권 설정일이 된다. 그러므로 임대차 계약 시 앞선 근저당권이 있다면 반드시 그 시점을 확인해봐야 한다.

임대차 계약 시 먼저 설정된 근저당권이 있다면 그 시점의 소액임차인에 해당하는 보증금으로 계약하는 것이 안전하다. 소액임차인에 해당하지 않으면 최우선변제를 받을 수 없다. 소액임차인의 금액은 시기적으로 상향 변동되므로 계약 전에 개정 법령을 확인해야 한다. 소액임차인 기준과 범위는 인터넷등기소에서 확인할 수 있다.

만약 임차한 주택이 다가구주택이라면 여러 명의 임차인이 거주하고 있을 것이다. 소액임차인 범위에 해당하는 임차인이 10명이라면 낙찰대금의 2분의 1 한도 내에서 임차인 순위와 상관없이 소액임차인 10명이 안분해 최우선변제를 받게 된다. 그러므로 임대차 계약을 체결할 때 당시 지역별 소액임차인 범위와 최우선변제금액부터 확인해야 이후 경매가 진행됐을 때 임차인은 보증금 중 일부라도 먼저 배당받을 수 있다는 점을 꼭 기억해야 한다.

*

지금까지 말한 대항력과 우선변제권, 최우선변제권과 관련해 전입신고와 점유는 임차인에게 가장 중요한 기본 중의 기본이라고 해도 과언이 아닐 것이다.

그런데 우리는 살다 보면 항상 어쩔 수 없는 상황에 놓이곤 한다. 바로 이 어쩔 수 없는 상황에서 임차인이 꼭 해야 할 것과 하지 말아야 할 것을 알아보자.

04

어쩔 수 없이
전입신고, 집을 빼야 한다면?

살면서 부득이하게 이사를 가거나 다른 곳에 전입신고를 해야
하는 상황이 발생할 수 있다. 바지사장처럼 집주인과 연락이 되
지 않거나 집주인이 보증금 반환을 미루는 상황에서 직장 때문
에 다른 지역으로 이사해야 하고 이사할 집에 전입신고를 해야
한다면 어떻게 해야 할까?

이렇게 되면 기존 집의 대항력과 우선변제권은 사라지게 된
다. 그래서 이럴 때는 임차권등기명령이라는 제도를 이용해야
한다. 임차권 등기란, 임차인이 기존에 취득한 대항력, 우선변
제권, 최우선변제권을 계속 유지해주는 것을 말한다.

계약 기간이 적법하게 만료가 됐는데도 집주인이 보증금을
돌려주지 않을 때 집주인 동의 없이 임차인이 단독으로 임차주

택의 소재지 관할 법원에 신청할 수 있으며 법원이 운영하는 전자소송(ecfs.scourt.go.kr)에서도 신청할 수 있다. 단, 임대차 계약이 종료되어야만 임차인이 단독으로 신청할 수 있다.

법원에 임차권등기명령을 신청하면 등기부등본에 임차인의 임차권이 등기된다. 임차권이 등기되기 전까지는 등기부등본상 임차인의 유무를 확인할 수 없지만 임차권이 등기되면 등기부등본에 임차인 이름과 정보가 기재된다.

【 을 구 】 (소유권 이외의 권리에 관한 사항)				
순위번호	등 기 목 적	접 수	등 기 원 인	권리자 및 기타사항
1	주택임차권	2022년11월■일 제■■호	2022년9월■일 ■■지방법 원의 임차권등기명령 (2022카임■)	임차보증금 금■■■■■원 범 위 주택전부 임대차계약일자 2020년8월■일 주민등록일자 2020년9월■일 점유개시일자 2020년9월■일 확정일자 2020년8월11일 임차권자 최■■ ■■■-*******

• 출처: 인터넷등기소

임차권이 등기된 후부터는 임차인이 다른 곳에 전입신고를 하거나 이사를 해도 대항력, 우선변제권, 최우선변제권이 기존과 동일하게 유지된다.

여기서 주의할 점이 있다. 임차인이 법원에 임차권 등기를 신청했다고 해서 당일 즉시 임차권이 등기되지 않는다. 임차권 등기가 등기부등본에 기입되기까지 보통 2~3주의 시간이 소요되는데 기타 사유로 더 늦어질 수도 있다. 그렇기에 임차인은 등기부등본에 임차권이 등기되는 것을 확인한 뒤에 다른 곳에 전입신고를 하거나 이사를 해야 함을 꼭 기억하고 있어야 한다.

임차권이 등기된 집에 새로운 임차인이 들어온다면? 그 새 임차인은 최우선변제를 받을 수 없다.

사실 임차권이 등기된 집에 또 다른 사람이 들어가는 경우는 거의 없을 것이다. 왜냐면, 임차권이 등기됐다는 이야기는 등기부등본에 그 집주인이 보증금을 돌려주지 않는 악성 임대인이라고 떡 하니 광고하고 있는 것과 다름없기 때문이다. 이걸 알면서도 그런 집을 계약하는 임차인은 거의 없을 것이다.

이렇듯 집을 알아볼 때 그 집 등기부등본에 임차권이 등기되어 있다면 내가 지급한 전세금으로 현재 그 집에 사는 임차인에게 전세금을 반환해주고 임차권 등기를 말소한다는 것이므로 그 집주인의 재정 상태와 성향을 미리 파악해볼 수 있기도 하다. 이런 집은 향후 또다시 임차인에게 문제가 생길 수 있다. 이렇기에 임차권이 등기되어 있는 집은 계약하지 않는 것이 임차인 정신건강에 이롭다.

계약 만료 후에도 집주인이 전세금을 돌려주지 않을 때 임차권 등기를 즉시 신청해야 하는 이유가 있다. 한번 약속을 지키지 않은 집주인은 이후에도 약속을 지킬 확률이 적기 때문이다.

집값이 하락하고 덩달아 전세 가격도 떨어져서 새로운 임차인을 구하기가 어려워 기존 임차인의 전세금 반환을 미루는 집주인이 정말 많아졌다. 서로 약정한 계약 기간이 만료되어 임차인이 나가겠다고 하면 날짜에 맞춰 전세금을 돌려주는 것은 당연하다. 하지만 집주인의 사정에 어쩔 수 없이 기다리는 임차인이 참 많다. 이때 임차인은 냉정해질 필요가 있다. 임차권을 등기함으로써 집주인을 압박하는 것이다.

전세금보다 집값이 더 높다면 집주인은 그 집에 경매가 진행되어 소유권을 잃는 상황까지 보고만 있지 않을 것이므로 어떻게든 임차인의 보증금을 반환해주려 바쁘게 움직일 것이다.

이렇게 전세금보다 집값이 더 높다면 반드시 임차권 등기를 할 필요는 없지만 필자가 현장에서 봐온 경험상 집주인을 압박하는 데만큼은 충분한 효과가 있었기에 추천한다(물론 선택은 임차인의 몫이다). 다시 한번 말하는데 임차인은 전입신고를 다른 곳으로 옮겨야 하거나 이사할 경우에는 반드시 임차권 등기를 해야 함을 꼭 기억한다.

전세보증보험을 가입한 임차인도 보증금을 청구하기 위해서는 임차권을 등기해야 하는데 이어서 확인해보자.

05

전세보증보험을
확인하라

앞에서 다룬 신혼부부 사례의 경우 전세보증보험에 가입하지 않았기에 그간 힘든 과정을 거쳐 어쩔 수 없이 그 빌라를 낙찰받았다. 만약 전세보증보험에 가입되어 있었다면 보증기관의 이행청구를 통해 전세보증금을 받고 나갈 수 있었을 것이다.

집주인이 보증금을 돌려주지 않거나 연락되지 않을 때 전세보증보험 가입 여부에 따라 임차인은 천당과 지옥을 경험할 것이다. 그만큼 전세보증보험은 임차인에게 중요하며 임차인을 지옥에서 꺼내줄 동아줄이라 생각하면 쉽다.

임대차 계약 기간이 만료됐는데도 집주인이 보증금을 돌려주지 않으면 보증기관이 집주인 대신 임차인에게 보증금을 지급해주고 집주인에게 구상권을 청구하는 것이 전세보증보험이다.

전세보증보험에 가입하려면 집주인의 동의는 필요 없으며 임차인이 직접 가입하면 된다.

전세보증보험은 HUG(주택도시보증공사), HF(한국주택금융공사), SGI서울보증 등에서 가입할 수 있다. 각 보증 상품마다 보증보험료와 주택 소재지의 지역별 가입조건이 다를 수 있으므로 임차주택의 상황과 보장 내용을 비교 및 확인 후에 가입한다.

전세보증보험에 가입한 임차인이 보증기관에 보증금을 청구하려면 계약 기간 만료 6개월~2개월 전까지 집주인에게 계약을 연장하지 않고 나가겠다는 갱신 거절을 통지해야 한다.

갱신 거절을 통지할 때는 집주인에게 도달했다는 점이 증명되어야 한다. 앞에서 설명했듯이 보통 문자나 카톡으로 갱신 거절을 하는 경우가 많은데 임차인이 갱신 거절 관련 내용을 보냈다고만 해서 되지 않고 집주인의 답장을 받아야 효력이 발생한다.

예컨대 임차인이 갱신 거절 관련 문자를 집주인에게 보냈는데 나중에 집주인이 그런 문자를 받은 적이 없다고 하면서 계약 갱신이 된 것으로 안다고 주장하면 다툼의 문제가 발생해 보증보험 지급이 거절될 수도 있다. 반드시 집주인이 갱신 거절에 동의했다는 답변을 받아야 한다. 또한, 집주인에게 전화 통화로 갱신 거절을 통지할 때 음성 녹음을 해놓는다면 향후 문제 발생 시 임차인에게 유리하게 작용할 수 있으므로 임차인은 꼭 집주인과의 대화 내용을 증거로 남겨둬야 한다.

만약 집주인에게 갱신 거절 동의를 받지 못했거나 연락이 되지 않는다면 빠르게 움직여야 한다. 갱신 거절 관련 내용증명이 집주인에게 도달되어야 하는데 이마저도 안 된다면 앞에서 설명한 법원의 공시송달제도를 이용하고 법원에 임차권 등기를 신청해야 한다.

전세보증보험을 청구하려면 계약 만료가 되고 보통 1개월 뒤부터 신청이 가능한데 신청했다고 해서 바로 전세금을 돌려주지 않는다. 신청 후 서류 심사를 통해 지급이 보류되거나 거절되기도 한다. 만약 임차권 등기를 하지 않은 채 다른 곳으로 이사하고 그쪽에 전입신고를 하거나 처음 계약할 당시 전세 대출금을 많이 받기 위해 실제 보증금보다 높게 업계약서(허위 계약)를 작성했을 경우, 집주인이 변경된 사실을 보증기관에 고지하지 않았을 경우 등 보증보험 약관을 위반했다면 지급이 거절될 수 있으므로 주의해야 한다.

이렇게 서류 심사에 소요되는 시간도 상당한데 보통 신청 후 1개월 정도 소요되고 서류 보정 등 상황에 따라 지급 시기가 더 늦어질 수도 있다.

결코 간단하지 않은 전세보증보험 청구

전세보증보험 청구를 하기 위한 절차를 간략하게 정리해보면 다음과 같다.

① 계약 만료 6개월에서 2개월 전까지 집주인에게 갱신 거절 통지

② 임차권등기명령(계약 만료 후 신청 가능) 및 보증보험(계약 만료 약 1개월 후 신청 가능) 청구

③ 서류 심사 후 지급(약 1개월 소요)

간단해 보이지만 사실 많은 시간과 노력이 필요하므로 이런 일을 처음 겪어본 임차인에게는 당연히 고통의 시간으로 느껴질 수밖에 없다. 갱신 거절 통지 관련 문자부터 내용증명, 공시 송달, 임차권 등기에다 보증보험금 청구에 필요한 많은 서류를 준비하는 것까지 모두 임차인이 알아보고 진행해야 하니 그 기간 동안 엄청난 스트레스를 받게 된다.

이렇게 힘든 시간이 지나 서류 심사가 통과되면 보증금을 지급해주는 날짜가 지정되고 그 날짜에 맞춰 임차인은 해당 집의 짐을 전부 빼줘야 한다. 보통 오전에 진행이 되는데 보증기관의 담당자가 임차인의 짐이 빠진 것을 확인하면 그때야 비로소 내 전세금을 돌려받을 수 있게 된다.

여기서 1가지 주의할 점이 있다. 전세보증보험에 가입되어 있으니 무조건 계약 기간이 만료되면 보증금을 청구할 수 있다고 생각해 새로 이사 갈 집을 덜컥 계약하는 경우가 종종 있는데 이는 잘못된 행동이다. 보증기관에서 지급이 거절되거나 보류되기도 하기 때문이다. 만약 보증보험 지급 관련 심사에 필요한 서류가 미비해 추가로 보정을 요구하는 경우가 생긴다면 심사 기간이 연장될 수 있다. 그렇게 되면 보증금을 받는 날을 정

확하게 확정하기 어렵다.

이런 내용을 확인하지 않고 '나는 전세보증보험에 가입했으니 안전해'라는 안일한 생각으로 무작정 새로 이사 갈 집을 계약했다가 계약금을 날리는 상황이 발생할 수도 있다. 그러므로 전세보증보험 청구 계획이 있다면 필요한 절차는 최대한 서두르되 이사부분만큼은 시간적 여유를 두고 움직이는 것이 좋다.

보증기관에서 보증금을 받는 날짜와 새로 이사 갈 집의 잔금일이 맞지 않는다면 짐을 이삿짐센터에 며칠간 보관하고 지인의 집에 숟가락을 얹는 방법을 추천한다. 이사비용은 추가되겠지만 더 안전한 집으로 이사 가기 위한 과정이라 생각하면 마음은 더 편할 것이다. 실제로 필자가 중개업을 하면서 고객들에게 많이 추천하는 방법이기도 하다. 이사 날짜가 딱딱 맞으면 좋겠지만 억지로 진행하다 보면 종종 예상치 못한 상황이 발생하기도 한다. 좋은 일에는 항상 안 좋은 일이 생긴다는 '호사다마'라는 말이 있듯이 말이다.

추가로 임대인이 주택임대사업자라면 임대보증금 반환보증 가입이 의무이므로 임차인이 보증보험에 가입이 안 되어 있을 경우 임대인이 가입한 반환보증을 청구하면 된다. 임차인에게 동아줄이 될 수 있기에 반드시 확인해야 한다.

임대인이 반환보증에 가입하지 않으면 최대 3,000만 원의 과태료가 부과된다. 하지만 최근 빌라왕 사건 등을 보면 임대사업자임에도 불구하고 반환보증에 가입하지 않아 임차인의 피해가 많이 발생하고 있다. 어차피 보증금을 돌려줄 생각이 없었던 바 지사장 같은 임대인들이 반환보증 가입의무를 어기는 것이다. 임대차 계약 시 임대인이 임대사업자라서 반환보증 가입이 의 무라며 임차인을 안심시킨 뒤 실제로는 가입하지 않아 뒤늦게 임차인이 낭패를 보는 경우도 많아졌다.

이러한 피해를 차단하기 위해 정부가 법을 개정했다.

정부는 임대사업자임에도 반환보증에 가입하지 않으면 임차 인이 계약을 해지하거나 해제할 수 있는 권한을 주고 이에 따른 임차인의 손해까지 배상받을 받을 수 있게 했다.

그러나 임대인이 임대사업자라고 해서 무조건 가입을 해야 하는 것은 아니고 가입을 하지 않아도 되는 예외규정이 있다. 임대보증금이 최우선변제금액 이하이고 임차인이 임대인의 반 환보증 미가입에 동의한 경우 등이다. 반환보증 대상이 되는 주 택의 종류와 금액별로 기준도 다르다.

임대사업자인 임대인이 반환보증에 가입한 경우 보증수수료 의 75%는 임대인이 부담하고 나머지 25%는 임차인이 부담하는 게 원칙이다. 또한, 임대인이 임대사업자라면 일반 임대차계약 서가 아닌 표준임대차계약서 양식으로 계약서를 작성하고 관할 지자체에 신고해야 한다.

표준임대차계약서에는 임대료 5% 증액 제한 등 임차인 보호 규정이 자세하게 기재되어 있으며 임대차 계약 시 임대인의 반 환보증 가입 여부 및 미가입 사유에 대해 볼 수 있으므로 임차인의 확인이 필요하다.

		미가입[ ]
임대보증금 보증 가입 여부	가입[ ] 일부가입[ ] - 보증대상 금액 :	- 사유 : ☐ 가입대상 금액이 0원 이하 (법 제49조제3항) ☐ 임대보증금이 우선변제금 이하 (법 제49조제7항제1호) ☐ 공공주택사업자와 임대차계약 체결 (법 제49조제7항제2호) ☐ 임차인이 전세보증금반환보증에 가입 (법 제49조제7항제3호) ☐ 보증회사의 가입 거절

• 출처: 표준임대차계약서[국가법령정보센터(법제처)]

*

이렇게 집주인이 보증금을 돌려주지 않는 상황부터 전세보증보험을 청구하는 부분까지 알아봤는데 그중에서 임차인은 집의 등기부등본을 자주 떼어보는 일을 가장 먼저 해야 한다.

'나는 아닐 거야'라는 생각으로 살다가 이러한 사건에 휘말려 대처가 늦는다면 결과도 달라질 수 있다. 임차인이라면 사는 집의 등기부등본은 적어도 한 달에 한 번은 확인해봐야 한다. 임차인도 모르게 갑자기 등기부등본에 압류가 들어왔다든지, 집주인이 근저당권을 설정해놨다면 분명 그 집은 향후 문제가 생길 확률이 높다.

등기부등본을 확인했더니 앞으로 어떤 문제가 발생할 것으로 보이면 바로 집주인에게 연락하는 등 대처해야 한다. 등기부등본은 인터넷등기소에서 집 주소 입력 후 1건당 700원으로 열람할 수 있다.

06

집주인과 협상을
시도하라

앞에서 다룬 바지사장처럼 집주인이 연락되지 않거나 속칭 만세를 부른 경우가 아니라면 집주인과 협상을 시도해보는 것도 좋은 방법이다. 집주인이 연락이 잘 되는 경우에 해당한다.

예를 들어, 매매 시세가 3억 원인 아파트에 전세금 2억 5,000만 원으로 계약해서 들어갔다면 이 집주인은 갭투자자일 확률이 높다. 갭투자는 최대한 자기 자본을 적게 들여 매매 시세보다 약간 낮은 전세금액으로 임차인을 구해 놓은 뒤 집값이 오르길 오매불망 기다리는 투자방법인데 이러한 갭투자자가 집주인이라면 그나마 바지사장보다는 안전하다고 볼 수 있다.

필자 주변에도 아파트를 적게는 2~3채에서 많게는 수십 채까지 소유한 투자자들이 있다. 2024년 현재 부동산 시장은 계속 하락하면서 침체기에 빠져 있는데 그 결과, 갭투자자들은 전부 울상이다. 천정부지로 집값이 뛰던 시기에는 하루하루가 행복한 시간이었을 텐데 지금은 상황이 완전히 뒤바뀌었다. 임차인 전세금을 돌려주기가 어려워졌다.

그래도 갭투자를 했다는 건 매매가와 전세가 간의 갭(Gap) 차이 금액과 취득세 등 집주인이 그 집을 살 때 자기 자본을 어느 정도 들였다고 할 수 있다. 즉, 여윳돈이 어느 정도 있기에 투자했다고 볼 수 있다.

그렇다면 갭투자자는 어느 정도 수입이 있고 자기 자본이 들어갔으니 이후 상황에 따라 잃을 것도 있다는 말이 된다. 집값이 3억 원에서 임차인 전세금액인 2억 5,000만 원으로 하락한다면 집주인은 자기 자본 5,000만 원을 까먹은 셈이 된다. 그러다가 집값이 임차인의 전세금보다 밑으로 더 떨어진다면 집주인은 처음 매매할 때 들어가는 돈 외에는 생각하지 않고 있다가 추가로 돈을 들여 전세금을 돌려줘야 하는 난감한 상황을 맞이하게 된다.

만약 전세금을 돌려주지 않는다면 임차인은 당연히 가만있지 않을 것이다. 집을 경매로 붙여 보증금을 배당받거나 모자란 금액은 집주인의 다른 재산을 추적해 어떻게든 받아낼 것이다. 그렇다면 집주인은 소송비용 등으로 더 큰 손해를 볼 수도 있으므로 어떻게든 임차인과 협의를 하고 싶을 것이다.

임차인에게 집을 전세금액으로 소유권 이전을 해주고 끝낼지, 아니면 다른 임차인을 새로 구해서 다시 한번 집값 상승에 대한 희망의 불을 지필지 집주인은 심히 고민할 것이다.

하지만 기존 임차인과 같은 전세금액으로 신규 임차인을 구할 수 있는 확률은 거의 없다고 보면 된다. 아파트 매매 가격이 내려갔다면 자연스레 전세 가격도 하락하기 때문이다. 여기에 매년 재산세와 종부세 등 보유세도 부과되기 때문에 많은 부담이 될 것이고, 향후 집값이 조금 상승해도 갭투자로 인한 실이익은 그리 크지 않다는 판단하에 이쯤에서 그만두고 싶은 마음이 굴뚝같을 확률이 높다.

임차인에게 좋은 기회가 될 수 있다

실제로 필자에게 문의한 갭투자자가 있었다. 2020년 집값이 한창 상승하던 때 해당 아파트 단지에서 최고 신고가로 매수하고 전세로 임차인을 맞춰놓는 갭투자를 했다. 하지만 2024년 현재 집값이 임차인 전세금보다 훨씬 더 아래로 하락했고 매도도 안 되는 상황이 돼버렸다. 그래도 집주인은 어떻게든 집을 팔아서 전세 임차인의 보증금을 돌려주겠다는 의지가 강했다.

이러한 상황인 갭투자자의 집에 사는 임차인에게는 오히려 좋은 기회가 될 수도 있다. 현재 시세보다 저렴하게 집 소유권을 넘겨받을 수 있기 때문이다. 임차인 전세금이 2억 5,000만 원인데 아파트 시세가 2억 5,000만 원으로 하락했다면 집주인에게 시세보다 저렴한 금액으로 매매해 달라고 요구하는 것도 좋다. 물론 임차인이 그 집을 만족한다는 조건에서 말이다.

많은 사람이 전세로 거주하는 이유에는 뭐가 있을까? 대부분 집값이 많이 올라서 부담되거나 신축 아파트에 청약하기 위해 무주택자로 전세를 사는 경우가 많다. 하지만 요즘처럼 부동산 시장이 침체하는 상황에서 아파트 청약 경쟁률이 높지 않으면 프리미엄이 낮아지므로 큰 메리트(Merit)가 없다는 생각에 매매가가 하락한 아파트로 방향을 바꾸는 임차인도 조금씩 생겨나고 있다.

이렇듯 갭투자자의 집에 전세로 거주하는 임차인이라면 현재 시세보다 저렴한 금액으로 집주인과 협상을 해보라고 권한다. 예를 들어, 2억 5,000만 원으로 전세를 든 상황에서 집주인과 협상을 통해 2억 3,000만 원에 매매하기로 했다면 차액 2,000만 원을 받으면 된다.

어떤 집주인이 시세보다 싸게 세입자한테 주겠냐고 부정하는 사람들도 분명 있을 것이다. 하지만 시세 하락의 피로와 두려움에 쌓인 갭투자자가 많이 생겨나고 있고 실제로도 집주인과 전세 임차인과의 직거래가 많아지고 있다. 앞에서 말했듯이 지금 전세로 사는 집에 대해 만족하면서 소유권 이전 뒤에 집값이 더 하락해도 수긍할 수 있는 임차인에 한해서 해볼 만한 방법이다.

집주인이 전세 임차인과 협의가 되지 않자 체념하고 나 몰라라 하면서 연락을 받지 않는다면 임차인은 앞에서 말한 사례처럼 힘든 시간을 보낼 수 있다. 차라리 집주인과 협상을 잘 진행해서 시세보다 저렴하게 내 집으로 만드는 것이 좋은 방법이 될 수 있다.

07

임차인,
전세금 반환 소송을 하다

대부분 전세로 거주 중인 임차인은 1순위로 대항력과 우선변제권을 취득하고 있을 것이다. 전세로 집을 구할 때 많은 임차인이 1순위라면 안전하다고 생각하고 계약을 체결한다. 그런데 이후 전세 사기를 당했다는 사실을 인지하고 법률 상담을 받으면 보통 그 자리에 털썩 주저앉는다.

경매가 진행되면 임차인의 우선변제권은 낙찰대금에서 후순위 근저당권 등보다 앞서서 보증금을 배당받게 해준다. 그런데 경매에서 임차인의 보증금보다 낙찰대금이 적다면 당연히 임차인의 보증금 배당액은 적어진다. 이렇게 되면 임차인은 낙찰자에게 선순위 대항력을 주장해 미배당금액을 요구하고 보증금 전액을 돌려받을 때까지 집의 반환을 거절할 수 있다. 지금까지 언급한 내용을 이해하고 있는 임차인이라면 어느 정도 똑똑한 임차인이라고 할 수 있다.

다음 표를 보자. 낙찰자는 임차인의 보증금 2억 원보다 저렴한 1억 원에 낙찰을 받았다. 하지만 선순위 임차인의 보증금 미배당액 1억 원을 추가로 물어줘야 하므로 실제 투자금은 2억 원에 낙찰받은 것과 같게 된다. 즉, 낙찰자는 대항력 있는 임차인의 미배당 보증금이 있다면 그 금액 전부를 물어줘야 하기에 낙찰자의 실제 투자금액은 임차인의 보증금 이상이 되는 경우가 대부분이다.

임차인 보증금	낙찰금액	임차인 배당액	임차인 미배당액 (낙찰자 인수액)	낙찰자 실투자금
2억 원	1억 원	1억 원	1억 원	2억 원
2억 원	2억 원	2억 원	없음	2억 원

여기서 좀 더 생각해보자. 경매에 입찰하는 사람들은 당연히 시세보다 저렴하게 취득하는 것이 목적인데 낙찰대금 외에 추가로 임차인의 보증금을 물어주는 바람에 결국 시세보다 더 높은 투자금액이 들어간다면 해당 물건에 입찰하지 않는다.

경매 시장에 나오는 선순위 임차인이 있는 물건들 중 바지사장의 전세 사기 건처럼 매매 시세보다 높은 전세금액으로 임차인이 사는 물건이 많다. 즉, 깡통전세라는 말이다.

이러한 경우라면 계속 유찰이 돼서 새로운 집주인이 나타나지 않을 것이다. 그렇다면 방법은 1가지밖에 없다. 전세보증보험에 가입하지 않은 임차인은 어쩔 수 없이 울며 겨자 먹기로 원하지 않던 집을 낙찰받을 수밖에 없다. 경매를 신청하기 위해서는 집행권원, 즉 판결문이 있어야 하므로 전세금 반환 소송을 시작해야 한다.

바지사장처럼 연락이 전혀 되지 않는 집주인이 아니라 임차인의 보증금을 실제로 반환해줄 의사가 있는 집주인도 있을 것이다. 정말로 당장 돌려줄 돈이 없어서 지체되는 경우가 있는데 집주인의 말만 믿고 계속 기다리는 것보다 하루빨리 소송 등을 통해 법적인 절차를 밟는 것을 추천한다.

소송은 집주인을 압박하기 위한 수단

필자는 자신의 위치가 을이라고 생각해 집주인 말에 끌려다니는 임차인을 정말 많이 봤다. 그렇게 되면 대부분 집주인의 마음은 여유로워진다. 가격을 낮춰서 급매로 매도해서라도 임차인의 보증금을 돌려줘야 하지만 그러지 않는다는 것이다. 임차인이 기다려주니 굳이 급매로 손해를 보려 하지 않는다.

하지만 임차인이 냉정하게 법적인 절차대로 청구한다면 집주인은 압박을 받을 수밖에 없다. 임차인 보증금보다 집의 매매 시세가 높다면 그 차액을 날릴 집주인은 거의 없으므로 어떻게든 임차인의 보증금을 반환해주려고 수단과 방법을 가리지 않으면서 백방으로 뛰어다닐 것이다. 그러므로 계약 기간이 만료됐는데도 집주인의 태도가 소극적이라면 서둘러 전세금 반환 소송을 진행하기 바란다.

소송이라고 해서 몹시 어렵지 않다. 대부분 임차인이 승소한다는 말이다. 적법한 임대차 계약을 체결하면서 임차인이 집주인에게 보증금을 지급한 사실이 있고 임대차 계약이 만료되기 6개월에서 2개월 전까지 계약 갱신 거절 관련 의사 표시가 도달했다면 집주인은 당연히 계약 만료에 맞춰 보증금을 반환해줘야 한다. 그런데 그 의무를 다하지 않고 있다면 법원은 임차인의 손을 들어줄 것이다. 어쩌면 당연한 일이다. 전세금 반환 소송은 보증금을 돌려받기 위해 경매 신청을 하거나 집주인의 다른 재산을 찾아 보증금을 회수하기 위한 절차라서 임차인은 부담을 갖지 않아도 된다.

전세금 반환 소송은 6개월 정도 소요되는데 소송의 상대방인 집주인이 어떤 방식으로 대응하느냐에 따라 시간은 훨씬 더 늘어날 수 있다.

전세금 반환 소송을 임차인 혼자서 많이 진행하기도 한다. 요즘은 인터넷 검색만 해봐도 소송에 관련된 정보와 절차 등과 관련해 개인 소송 진행 후기가 많아서 소송비용을 줄이기 위해 변호사를 선임하지 않는 것이다.

하지만 개인이 진행할 경우 단점이 있다. 소송에 관한 경험이 부족해서 법리적 상황에 정확한 대처가 미비할 경우 소송에 걸리는 기간이 더 늘어날 수 있고 상대방과의 법리적 다툼이 필요한 상황이 발생해 논쟁의 여지가 있을 때 임차인의 적절한 대응이 없으면 최악의 경우 판결의 방향도 달라질 수 있다. 소송에서 임차인이 반드시 주장해야 할 부분은 놓치고, 굳이 하지 않아도 될 임차인에게 불리한 부분을 주장해서 상황을 불리하게 만드는 것이 하나의 예다.

전세금 반환 소송과 관련해 변호사를 선임하려면 사건의 난이도 등에 따라 차이가 있는데 보통 수백만 원 정도라고 생각하고 정확한 비용은 소송 전에 변호사 사무실에 방문해 확인하면 된다.

임대차 계약 기간 만료 전부터 집주인과 연락이 되지 않는 상황이라면 앞에서 설명한 갱신 거절 통지 관련 내용증명부터 공시송달, 임차권 등기, 전세금 반환 소송 후 경매 신청까지 임차인 혼자서 모든 과정을 진행해야 하는데 결코 쉽지 않을 것이다. 소요되는 시간과 비용, 정신적 스트레스까지 더해질 것을 생각해보면 집주인이 보증금을 돌려주지 않는 처음 상황부터 변호사와 상담을 통해 적극적 대응을 하는 것이 좋겠다. 물론 정해진 답은 없으므로 선택은 임차인 몫이다.

이처럼 전세금 반환 소송을 진행하려면 많은 시간과 비용이 발생하므로 임차인 입장에서는 부담이 된다. 그래서 소송 전에 임차인이 할 수 있는 방법이 있는데 바로 지급 명령절차다.

지급 명령은 집주인을 독촉하는 간단한 절차로 전세금 반환 소송과 비교했을 때 소요 시간이 적게 들고 비용도 훨씬 적다. 하지만 집주인이 이의를 제기하거나 다툼의 여지가 있을 경우,

또는 집주인의 인적사항이 확실치 않을 경우에는 소송으로 진행될 수 있다. 이렇게 되면 임차인은 시간만 낭비하는 꼴이 될 수 있으므로, 임차인의 당시 상황을 법리적으로 면밀히 살펴보고 지급 명령부터 할 것인지, 소송을 진행할 것인지 판단해야 한다. 이렇게 일반인이 판단하기에 어렵고 복잡한 상황이 생길 수 있으므로 전문 변호사나 법무사와 상담한 후 진행할 것을 추천한다.

필자에게 전세 사기 관련 문의를 하는 임차인이 많다. 이 중에는 변호사나 법무사 상담에 부담을 가진 경우가 꽤 됐다. 사실 사람들 대부분이 살면서 소송을 진행해본 적이 없으니 당연한 일이다.

법원 근처에도 가본 일이 없으니 변호사라고 하면 어색하고 무언가 거리감이 있어 보이는데 꼭 그렇지 않다. 일반인보다 법률 지식이 뛰어난 하이 클래스 자격증을 취득한 똑똑한 보통 사람이라고 보면 된다.

정당한 수임료를 내고 내가 서툴러 하기 어려운 일을 의뢰하는 것이다. 공부하러 간 학원에 돈을 내고 지식을 배우듯 자연스러운 관계이므로 거리감을 가질 필요가 전혀 없다.

변호사를 선임해 승소판결을 받았다면 변호사 비용 등은 집주인에게 청구할 수 있다. 하지만 집주인이 바지사장처럼 재산이 없는 무자력자라면 청구해도 사실상 받아내기가 어려우므로 어쩔 수 없이 소송비용은 임차인이 부담하는 경우가 많다. 임차인은 이를 알고 소송을 진행해야 하며 승소판결을 받은 뒤 그 집행권원으로 드디어 경매를 신청할 수 있게 된다.

08

임차인,
경매를 신청하다

임차인이 경매를 신청하려면 임의경매와 강제경매, 2가지 방법이 있다.

임의경매란, 임차인이 등기부등본에 전세권 설정등기를 한경우 앞에서 설명한 전세금 반환 소송 같은 재판절차 없이 바로실행이 가능한 경매를 말한다. 등기부등본에 설정된 근저당권자가 담보권을 실행해 경매를 신청해도 임의경매에 해당한다.

예를 들어, 보증금 2억 원으로 전입신고와 점유, 확정일자를받고 살고 있다면 우리는 흔히 전세 2억 원에 살고 있는 전세 세입자라고 말한다. 그런데 정확하게 말하자면 임차보증금 2억 원에 살고 있는 임차인이 맞는 표현이다. 등기부등본에 전세권 설정등기를 경료해야만 전세권자가 된다. 즉, 등기부등본에 전세권 설정등기를 하지 않으면 임차인이 되는 것이다.

임차인은 등기부등본에 전세권 설정을 하면 전입신고를 하지 않아도 되고 확정일자도 받지 않아도 된다. 임차인이 전입신고와 점유, 확정일자를 받아 취득한 우선변제권이 전세권을 설정함으로써 동일한 효력이 발생한다고 보면 된다.

이렇게 전세권을 설정한 임차인이라면 계약 기간이 만료되었는데도 집주인이 전세금을 돌려주지 않을 경우 별도의 재판을 거치지 않고 바로 법원에 임의경매를 신청할 수 있다. 전세금 반환 소송을 통해 집행권원을 얻어 강제경매를 신청해야 하는 임차인보다 시간과 비용적인 면에서 큰 장점이 있다(등기부등본에 전세권 설정을 한 임차인과 확정일자를 받은 임차인 간의 세부적인 차이점은 뒤에서 다루도록 하겠다).

여기서 중요한 포인트는 전세권 설정을 하고 집주인이 보증금을 돌려주지 않을 때 바로 임의경매를 신청하느냐, 아니면 소송을 통해 판결문(집행권원)을 받아 강제경매를 신청하느냐이다.

전세권 설정을 하지 않은 임차인의 경우 강제경매 신청을 해야 하는데 그 절차는 간단하다. 법원에 경매신청서를 접수하면 신청자는 경매절차에 필요한 감정료, 현황조사료, 신문공고료, 매각 수수료 등의 경매비용을 내야 한다. 각종 비용의 납부 기준금액은 해당 부동산의 금액별로 상이하므로 대법원 법원경매정보(www.courtauction.go.kr)에서 예상 비용을 간단하게 계산해볼 수 있으니 참고해본다.

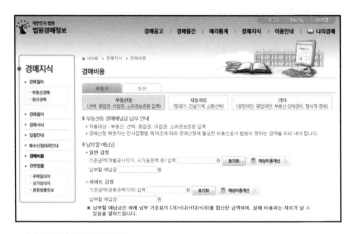

• 출처: 대법원 법원경매정보

　법원에 경매 신청을 하면 검토의 과정을 거치는데 문제가 없으면 등기부등본에 경매 개시 결정등기가 기입된다. 그다음에는 해당 법원의 조사관이 실제 해당 집에 방문해서 점유자는 누구인지, 임차인이 있다면 보증금은 얼마인지 등의 현황 조사를 통해 현황조사서와 매각물건명세서 등을 작성한다. 이후 해당 집의 감정 평가를 통해 산정된 감정평가액이 대법원 법원경매정보 홈페이지에 게시되고 경매 매각기일, 배당기일 등이 지정된다.

　이러한 절차대로 경매 개시일부터 최초 매각기일까지 보통 6개월 전후가 소요되고 매각기일에 입찰자가 없으면 유찰된다. 유찰 시마다 1개월 정도의 시간이 추가로 소요된다. 입찰자는 최저 매각 가격의 10%의 보증금을 납부해야 하고 유찰이 되면 최저 매각 가격이 저감되므로 납부할 보증금도 낮아진다.

경매가 진행되면 보통 경매 개시일로부터 낙찰 후 종결될 때까지 1년 전후가 소요된다. 경매 물건의 특성상 선순위 임차인이 있거나 물건에 하자가 있는 바람에 입찰자가 없어 유찰이 반복된다면 수개월이 더 소요되는 경우도 많다.

낙찰되면 지정된 잔금 납부기한까지 납부한 보증금을 제외한 나머지 잔금을 납부하면 되는데 낙찰자가 사정상 자금이 부족하다면 경락잔금대출을 사용하는 방법도 있다. 경락잔금대출은 보통 주택 감정가의 70% 또는 낙찰가액의 80% 중 낮은 금액의 한도에서 받을 수 있는데 금융회사 및 해당 지역, 여러 조건에 따라 대출 한도는 달라질 수 있으므로 경락잔금대출을 사용할 계획이라면 입찰 전 반드시 확인해야 한다(참고로, 전세 사기 피해자 지원 및 주거안정에 관한 특별법상 피해자로 인정될 경우 대출 규제 완화 등 금융 지원을 받을 수 있으므로 사전에 금융기관에 방문해 문의할 것을 추천한다).

임차인이 직접 낙찰받는다면 앞에서 설명한 보증금 상계신청의 절차를 따르면 된다. 기존 임차인에게 전세 대출이 있다면 경락잔금대출을 받아 전세 대출을 상환하는 방법도 있는데 이때에도 미리 대출 가능 여부를 금융권에 반드시 확인해야 한다.

만약 임차인이 직접 낙찰받지 않는다면 다른 낙찰자가 나타날 때까지 기다려야 한다. 임차인은 여기서 주의할 점이 있다. 원칙상 최우선변제권과 우선변제권을 가진 임차인은 법원에서 정한 배당 요구 종기일까지 배당 요구를 해야 보증금을 배당받을 수 있다. 하지만 대항력과 우선변제권을 모두 갖고 있는 임차인이 전세금 반환 청구 소송 등으로 집행권원을 얻어 직접 강제경매를 신청했다면 배당 요구를 하지 않아도 보증금을 배당받을 수 있다는 대법원 판례(대법원2013다27831)가 있으므로 직접 강제경매를 신청했는데 배당 요구를 하지 못한 임차인이라면 이를 근거로 법원에 이의신청을 해볼 수 있다.

　지역에서 정하고 있는 소액임차인에 해당된다면 법원에 배당 요구를 반드시 해야 보증금 중 일정 부분의 최우선변제를 받을 수 있으니 지역별 소액임차인에 해당하는지 여부까지 미리 확인해야 한다. 소액임차인에 해당되어 임차인의 보증금 중 일부를 낙찰대금에서 최우선변제를 통해 받았다면 나머지 보증금은 우선변제권으로 근저당권 등 후순위 담보권자에 우선해 배당받을 수 있다.

　소액임차인에 해당하지 않는 임차인이라면 최우선변제를 받을 수 없고 우선변제권만으로 배당받을 수 있으니 등기부등본상 근저당권, 압류 등 기타권리 없이 깨끗한 상태에서 1순위로 임차인의 대항력과 우선변제권을 취득하는 것이 가장 중요하다.

　여기서 임차인이 1순위로 대항력과 우선변제권을 취득했어도 낙찰대금에서 무조건 1순위로 배당받는 것은 아닌 점을 알고 있어야 한다. 먼저 법으로 정하고 있는 배당순위를 확인해보자.

[경매 배당순위]

① 경매 집행비용

② 매각 부동산의 필요비 및 유익비

③ 소액임차인 최우선변제금액, 최종 3개월 임금채권 등

④ 당해세(해당 부동산에 부과된 세금): 상속세, 증여세, 종합부동
산세, 재산세 등

⑤ 근저당권, 전세권, 확정일자를 받은 임차인의 우선변제권

⑥ 일반 임금채권(선순위 임금채권을 제외한 임금채권) 등

⑦ 일반 조세채권 등

⑧ 공과금(국민건강보험료 등)

⑨ 일반 채권(가압류 등)

1순위로 전입신고와 점유, 확정일자를 받은 임차인이라도 낙
찰대금에서 경매 집행비용과 당해세가 먼저 배당받는다는 점을
반드시 알고 있어야 한다. 당해세란, 부동산 자체에 부과되는
세금으로 국세인 상속세, 증여세, 종합부동산세와 지방세인 재
산세 등이 있다.

앞에서처럼 여러 종류의 배당순위가 있지만 선순위 임차인의
경우 대표적으로 당해세가 걸림돌인 경우가 많다. 경매가 개시
되면 임차인은 이해관계인이므로 법원 경매계에 방문해 임차인
보증금보다 먼저 배당되는 당해세가 대략 얼마인지 열람이 가
능하다. 열람해보면 임차인의 예상 배당액을 산출하는 데 도움

이 된다.

과거에는 임차인보다 법정기일이 늦은 당해세도 임차인보다 우선으로 배당됐으나 2023년 4월 1일 이후 경매나 공매 진행 시 임차인의 확정일자가 법정기일보다 빠르면 당해세 배분한도만큼 임차인이 먼저 보증금을 배당받을 수 있도록 개정됐다. 임차인이 기존보다 좀 더 두텁게 보호를 받을 수 있게 됐다고 할 수 있겠다. 단, 법정기일이 늦은 당해세는 임차인에게만 양보하는 것이다. 근저당권 등 다른 권리에는 변동이 없고 집주인의 체납된 세금이 소멸하는 것은 아니다.

이렇게 배당순위대로 배당이 끝나면 경매가 종결되는데 많은 임차인이 궁금해하는 부분이 있다. 대항력을 갖춘 선순위 임차인이 (예를 들어) 전세보증금 2억 원에 살고 있던 집에 경매를 신청한 다음, 1억 원에 직접 낙찰을 받아서 소유권을 취득했다면 차액분 1억 원을 기존 소유자인 집주인에게 청구할 수 있는지에 대해서다. 결론부터 말하자면, 청구할 수 없다.

대항력을 갖춘 임차인이 해당 주택을 낙찰받으면 기존 집주인이 갖고 있는 (임차인에 대한) 보증금 반환채무를 낙찰자인 임차인이 인수하게 되므로 결국 임차인의 보증금 반환채권은 혼동(混同)으로 소멸하게 된다(대법원96다38216 판결 참조).

대항력이 없는 후순위 임차인의 경우 낙찰자가 나타나면 보증금 중 일부를 배당받지 못했더라도 낙찰자에게 대항할 수 없고 쫓겨나게 되는데 이때 임차인은 돌려받지 못한 보증금에 대해 기존 집주인에게 청구할 수 있다. 하지만 청구해도 현실적으로 받아내기가 대부분 어렵다. 집을 경매로 날릴 만한 상황의 재정 상태인 집주인에게 돈이 있는 경우가 거의 없기 때문이다.

*

　지금까지 집주인이 보증금을 돌려주지 않는 상황에서 임차인이 반드시 해야 할 행동과 하지 말아야 할 행동, 그리고 전세 사기의 바지사장 사례처럼 깡통전셋집에 사는 임차인이 어쩔 수 없이 살던 집을 직접 경매로 낙찰받고 마무리하기까지 험난한 과정을 알아봤다.

　이제부터는 왜 이런 전세 사기를 당할 수밖에 없었는지 각종 전세 사기방법과 유형, 전세 사기꾼들의 행동과 패턴을 파헤쳐보자. 이제부터 알아볼 내용을 임차인이 미리 알았다면 전세보증금을 날릴 확률은 현저하게 줄었을 것이라고 필자는 자신 있게 말할 수 있다.

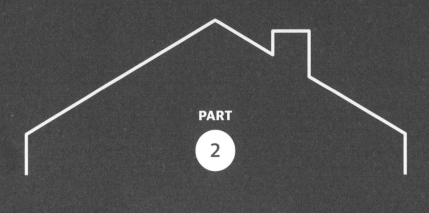

PART

2

전세 사기,
당신도 예외가
아니다

1 장

'판'은 이미
짜여 있었다

사실 세입자의 보증금을 노리는 전세 사기의 판은 이미 짜여 있었다. 세입자를 현혹해서 과도한 전세 대출을 받게 하면서 전세 계약을 체결한 다음, 사기꾼들이 자신의 주머니 속을 채우는 자세한 내막을 확인해보자.

01

세입자를
현혹하라

필자의 유튜브 채널을 보고 전세 사기를 당했다는 임차인들의
문의가 빗발치고 있다. 본업이 있는 관계로 모든 분에게 답변
메일을 드리지 못해 죄송한 마음뿐이다.

메일을 읽다 보면 정말 안타까운 사연이 많은데 전세 사기를
당한 임차인들 대부분은 사회초년생이거나 신혼부부, 형편이
어려운 사람들이었다. 피해를 당한 임차인들의 전세 사기 방법
과 패턴은 대부분 동일했다.

사실 필자는 수년 전부터 이러한 사기방법을 알고 있었다. 필
자도 중개업을 하고 있는지라 빌라나 오피스텔 분양 대행 컨설
팅업체들에 제안을 받은 적이 있었다. 전세 세입자만 구해주면
적게는 법정수수료의 10배에서 많게는 30배 이상까지도 준다는

것이었다.

하지만 그렇게 할 수는 없었다. 그 돈은 형편이 좋지 않은 임차인의 주머니에서 나온 돈이라는 것을 누구보다 잘 알고 있었기 때문이다. 이후로도 오롯이 돈만 생각하며 앞뒤 가리지 않는 전세 사기 일당들은 그렇게 점점 늘어갔다.

그때쯤 필자가 유튜브 채널을 개설했고 그들의 수법을 알리고 싶어 '빌라 전세 사기 이렇게 칩니다'라는 영상을 만들어 게시했다. 당시 구독자 수가 300명쯤이었던 것 같았고 영상 조회 수는 기대하지 않았다. 그런데 며칠 후 조회 수가 50만을 넘기더니 100만까지 금방 넘는 것이 아닌가! 필자는 그때 강하게 느꼈다. 이렇게 많은 사람이 전세에 관심이 많고 그로 인해 피해를 보고 있다는 것을 말이다.

앞에서 언급한 30대 신혼부부도 처음 빌라에 전세로 들어갈 때는 이런 일이 닥칠지 전혀 예상치 못했을 것이다. '지금부터 설명할 내용을 미리 알았다면 피할 수 있었을 텐데…'라는 아쉬운 생각이 든다. 지금부터 낱낱이 공개하는 전세 사기꾼들의 방법과 패턴을 통해 피해자가 사라지길 바란다.

우리는 보통 작은 집에서부터 시작한다. 방 1칸짜리 원룸 월세에서 시작해 저축으로 어느 정도 목돈이 만들어지면 좀 더 넓은 투룸, 쓰리룸 전세로 이사 가는 경우가 많다. 이 과정에서 전세 사기꾼에게 걸린다.

예를 들어, 보증금 5,000만 원을 모았고 여기에 약간의 전세

대출을 받아 1억 원 정도의 전셋집으로 이사할 계획을 세웠다고 해보자. 예전에는 집을 알아보려면 발품을 팔아 부동산 사무실에 직접 방문해야 했는데 요즘에는 핸드폰 하나로 약간의 손품만 팔면 전국 모든 매물을 알아볼 수 있다. 그런데 여기서부터 꼬이기 시작하는 경우가 많다.

부동산 사무실 이곳저곳을 돌며 발품을 판다면 그 동네의 대략적인 평균 시세를 알아볼 수 있지만 핸드폰으로 매물을 검색하다 보면 시세가 들쑥날쑥해 감을 잡기 힘들다. 비슷한 집인데도 어떤 집은 비교적 저렴한 반면, 또 어떤 집은 말도 안 되는 금액이라는 생각이 드는 경우가 의외로 많다.

나름 비교해 보고 물건 하나를 선택한 다음, 해당 물건을 올린 부동산 사무실에 전화하고 집을 보러 가게 된다. 그렇게 부동산 사무실에서 나온 사람과 같이 내가 처음에 원했던 집을 보게 되지만 마음에 들지 않는 경우가 대부분일 것이다. (예를 들어) 매물 광고에는 지하철역이나 버스정류장에서 집까지 도보로 10분이라고 했지만 실제로 가보면 운동화를 신고 뛰어야 10분인 경우가 많기 때문이다. 그뿐이 아니다. 겨울에 눈이 오면 썰매를 타고 출근을 해야 할 정도의 골목 언덕에 있는 집, 내부를 봤더니 사진보다 많이 작거나 곰팡이가 가득한 집 등 임차인이 예상했던 집과는 다를 것이다.

그렇게 실물을 보고 실망하고 있을 즈음에 부동산 사무실에서 나온 사람이 비교해 보라며 다른 집들을 보여준다. 볼수록 집의 상태는 점점 좋아지면서 전세금액이 높아지는데 덩달아 임차인의 눈도 높아진다. 새로 지어 천장형 시스템 에어컨 등 최신 설비로 풀옵션된 신축빌라까지 보게 되면 처음에 봤던 집은 이미 머릿속에서 사라졌을 것이다. 냄새 나는 벽걸이 에어컨에 별도 잘 들지 않아 우중충한 자기 집보다 당연히 좋기 때문이다. 4층인 우리 집에 택배기사가 항상 무거운 생수 배달을 올 때마다 미안했던 감정도 엘리베이터가 있는 신축빌라에서는 들지 않으니 이사하고 싶은 욕구가 강하게 들 것이다.

그렇지만 전세금이 너무 높다. 비싼 전세금에 엄두조차 나지 않아 씁쓸한 얼굴을 보일 때 부동산 사무실에서 나온 사람이 넌지시 얘기한다. 빌라 매매가는 3억 2,000만 원이고 전세가는 2억 8,000만 원인데 빌라 감정가가 높아서 전세 대출을 풀(Full)로 받을 수 있으니 임차인이 보유한 5,000만 원이면 충분히 입주할 수 있다며 현혹하기 시작한다. 분양가보다 전세가가 저렴하다…, 집초년생인 임차인의 얕은 지식으로 생각해보니 흔히 말하는 깡통전세는 아닌 것 같다.

매매든 전세든 상관없는 건축주

사실 그 빌라를 건축한 건축주는 매매가 되든 말든 상관이 없다. 물론 매매가 된다면 좋겠지만 어차피 매매가가 높으니 매매가 잘 안 된다고 생각하고 있을 가능성이 높다. 전세 세입자만 들어와도 그에게는 충분했다. 매매가 잘 안 되는 물건인데도 매매가를 높게 정해놓은 이유는 전세가가 비교적 저렴하게 보이기 위해서다. 일종의 상술인 셈이다.

부동산 사무실 관계자가 말한 대로 전세 대출을 풀로 받으면 한 달에 나가는 이자만 수십만 원이라서 결정이 쉽지 않다. 이때 부동산 사무실 관계자는 쐐기를 박는다. 자신이 건축주와 잘 아는 사이인데 건축주가 이 현장을 얼른 마무리하고 다른 현장으로 이동해야 해서 특별히 손님에게만 대출금 이자를 지원해주도록 얘기를 잘해주겠다며 달콤한 사탕을 내민다.

여기서 임차인은 두 종류로 나뉜다. '나한테 왜 이렇게까지 잘해줄까?'라고 의심하고는 좀 더 고민해보겠다며 집으로 돌아가는 사람과 달콤한 사탕을 덥석 받아먹는 사람이다.

적게는 수개월에서 많게는 2년 치 대출금 이자를 지원해주겠다며 그 기간 동안 월세도 안 내고 공짜로 사는 것 아니냐고 임차인을 현혹한다. 생각해보면 맞는 말이다. 임차인 돈 5,000만 원이 들어가고 나머지를 전세 대출로 이용하는데 대출에 대한 이자는 현금으로 지원받을 수 있다니 임차인 입장에서는 손해 보는 장사가 아니라는 생각이 든다. 게다가 대출 이자를 계산해서 일시불로 통장으로 입금해준다는데 이를 마다할 임차인이 어디 있겠는가?

바로 그때, 집을 보여주는 부동산 사무실 관계자의 전화벨이 울린다. 옆에서 통화 내용을 들어보니 어제 이 집을 봤던 사람이라며 계약하고 싶다는 내용인 듯하다. 하필 그 타이밍에 울린 전화의 내용이 정말 사실인지, 아니면 둘이 짜고 연기를 하는 것인지 확신이 들진 않지만 좋은 조건의 집을 놓칠 수도 있다는 생각에 계약할지 말지를 고민하던 임차인의 마음은 조급해지기 시작한다. 결국 정식 계약을 하기로 하고 100~200만 원 정도의 가계약금을 건축주에게 입금하게 된다.

정식 계약서를 작성하기 전, 가계약금 지급은 부동산의 매매, 전세, 월세 등 모든 계약에서 흔히 이뤄진다. 예를 들어, 고객이 오늘 전셋집 매물을 보고 마음에 들어서 계약하려는데 집주인이 오늘 시간이 안 된다면 계약서를 작성하기 어렵다. 그러면 추후 집주인과 임차인이 시간을 협의해 날짜를 정하고 계약서를 작성해야 하는데 그 날짜를 정해놓기만 하고 무작정 기다리는 건 사실 무리가 있다. 여러 가지 변수가 생겨 계약 진행이 안 되는 경우가 많기 때문이다. 그사이 임차인이 다른 집을 보고 변심이 생겨 말을 바꿀 수도 있고 더 좋은 조건의 임차인과 계약하기 위해 집주인이 변심하는 경우도 많다. 이러한 이유로 흔히 가계약이라는 걸 먼저 진행하는데 현장에선 자주 본다.

가계약을 진행하면 보통 공인중개사가 집주인과 임차인에게 계약의 중요한 내용인 금액과 조건 등을 협의해서 문자나 카톡으로 보내준다(가계약에 관한 내용은 중요하므로 뒤에서 좀 더 설명하겠다).

이렇게 임차인이 문자를 확인하고 흔히 말하는 가계약금을 집주인에게 지급했다면 계약은 성립된 것이고 집에 가서 임차

인의 마음이 바뀌더라도 지급한 가계약금을 반환해 달라고 요
구하기 어렵게 된다. 이렇게 귀신에게 홀리듯 빌라 전세 사기의
짜인 판에 드디어 임차인이 걸려들게 되는 것이다.

02

다 같은
공인중개사가 아니다?

앞에서 말한, 처음에 집을 보러 갔을 때로 되돌아 가보자. 임차인에게 집을 보여주고 계약을 진행해줬던 부동산 사무실에서 나온 사람, 깔끔한 복장에 거침없는 입담으로 대출 이자까지 지원해주겠다던 그 사람은 대체 누구일까?

사실 임차인 입장에서는 크게 관심이 없겠지만 여기서부터 잘못되는 경우가 대부분이다. 부동산 사무실의 생태구조를 모르기 때문이다.

부동산 사무실에서 일하는 사람들은 보통 두 종류로 나눠진다. 나라에서 지정한 공인중개사 자격증을 취득한 공인중개사와 자격증이 없는 중개보조원이다. 모두가 아는 공인중개사는 토지와 건축물 등 부동산 중개업무를 하는데 부동산 사무실을 등록하고 중개업을 해야 한다.

중개업을 등록한 공인중개사를 개업(대표)공인중개사라고 한다. 공인중개사 자격증을 취득한 자가 부동산 사무실의 직원이 될 수도 있는데 이를 소속공인중개사라고 한다. 보통 소속공인중개사는 자격증을 취득한 지 얼마 되지 않아 향후 개업공인중개사가 되기 위해 소속으로 등록해 실무 노하우를 쌓는 경우가 많다. 그리고 중개보조원도 부동산 사무실에 직원으로 등록하는데 중개보조원은 4시간 정도의 간단한 직무교육만 받으면 직원이 될 수 있다.

개업공인중개사는 계약서 작성부터 계약에 필요한 모든 중개업무를 수행할 수 있는 반면, 중개보조원은 개업공인중개사의 중개업무와 관련된 단순한 업무를 보조한다고 법에 명시되어 있다. 그래서 고객 맞이, 현장 안내, 서류 정리 등 개업공인중개사의 업무를 단순히 보조해야 하는데 현장에서는 이를 위반하는 경우가 상당히 많다.

본래의 업무 한도 내에서 성실하게 업무를 수행하는 중개보조원이 많지만 불법으로 중개하는 중개보조원도 적지 않다. 부동산을 업(業)으로 하는 사람들이라면 공공연히 다 알고 있는 사실이다. 중개보조원이 집(현장)을 안내할 경우 고객에게 '중개보조원'이라고 반드시 고지해야 하는 것으로 법이 개정되었지만 실제 현장에서는 중개보조원임을 알리지 않는 경우가 많다.

공인중개사 자격증을 빌려서 사무실을 차린 뒤 중개보조원이 대표공인중개사인 척 고객을 맞고 계약을 진행하며 도장까지 찍는 일이 실제로 많이 일어나는데 나중에 큰 문제가 발생한다. 중개보조원은 공인중개사 자격증이 없으므로 검증되지 않은 사람이다. 즉, 공인중개사보다 부동산 관련 법률 지식이 당연히 부족할 수밖에 없다. 이뿐만이 아니라 자격증을 불법으로 빌려서 사무실을 운영하는 바람에 계약 건수를 단시간에 최대한 늘려 수수료를 많이 챙기는 것이 목적이라 많이 위험하다. 이처럼 지식이 부족한 상태에서 계약을 진행하면 앞으로 어떤 중개사고가 발생할지도 모르는데 막무가내로 계약부터 하니 큰 문제가 아닐 수 없다.

중개보조원은 자격증이 없으므로 향후 중개사고 발생 시 행정처분을 받을 자격증도 없다. 즉, 중개보조원이 잘못해도 중개보조원은 날아갈 자격증이 없다는 말이다.

이처럼 중개보조원이 계약 목적물의 권리분석이나 상태를 제대로 파악하지 못한 채 어깨너머로 배운 중개 업무의 지식으로 계약을 불법으로 진행한다면 당연히 중개사고가 날 확률은 굉장히 높고 그로 인한 피해는 임차인이 보게 된다.

현장에서도 전세 사기 등 불법 중개행위에서 중개보조원의 사고율이 상당히 높은 비중을 차지하고 있다. 실제로 필자에게 문의가 오는 전세 사기를 당한 많은 피해자의 상황만 봐도 전세 계약에 공인중개사가 관여하지 않고 중개보조원이 불법으로 계약을 진행한 경우가 굉장히 많았다.

집을 구하기 위해 부동산 사무실에 여러 번 가본 사람이라면 경험한 적이 있을 것이다. 직원 수가 적게는 수 명에서 많게는 수십 명, 백 명이 넘고 공장처럼 운영하는 부동산 사무실이 적지 않다. 거의 개업(대표)공인중개사가 1명만 있고 나머지 직원들은 대부분 중개보조원이라고 보면 된다. 이런 부동산 사무실에서는 보통 중개보조원이 구해온 계약 건에서 발생한 수수료를 대표와 중개보조원이 일정 비율로 분배하는 수익구조방식으로 일하고 있다. 예를 들어, 1건의 계약에서 수수료가 100만 원이 발생했다면 중개보조원과 대표가 7대 3, 6대 4, 이런 식으로 서로 약정한 비율로 수익을 나눠 갖는다.

개업공인중개사만이 계약을 진행할 수 있는 상황에서 개업공인중개사 1명이 수십 명의 중개보조원이 구해온 계약 건을 하나하나 세심하게 검토하고 계약을 체결한다는 건 상식적으로 봐도 무리가 있다. 이러한 이유로 정부에서도 중개보조원이 많이 고용된 부동산 사무실일수록 전세 사기에 가담하거나 중개사고가 발생할 확률이 압도적으로 높음을 인지하고 이를 개선하기 위해 공인중개사 1명당 중개보조원을 5명까지만 고용하게 인원을 제한하도록 개정할 예정이다.

사실 중개보조원의 문제만은 아니다. 일부 공인중개사도 전세 사기에 가담한 것으로 밝혀지고 있으니 말이다. 중개보조원이 사무실을 차릴 수 있도록 불법으로 자격증을 대여해준 공인중개사도 있다고 하니 적절한 처벌을 받아 각성할 필요가 있다.

일부 몰지각한 사람들 때문에 책임감을 갖고 선량하게 중개업을 하는 사람들까지 좋지 않은 시선으로 보이게 만들었다.

불법 중개업자 분별하기

이렇듯 복잡한 부동산 생태구조를 부동산에 관련 없는 일반인들 입장에서는 사실 궁금하지도 않고 알고 싶지도 않을 것이다. 부동산이라고 하면 대부분 공인중개사가 해주는 줄 알고 수수료만 주면 안전하게 계약이 된다고 생각하기 때문이다.

이렇게 안일하게 생각하고 계약을 체결하면 절대 안 된다고 꼭 당부의 말을 전하고 싶다. 전세 사기를 당한 임차인들은 대부분 불법 중개업자에게 당했기 때문이다. 처음에 광고 매물을 보고 전화를 걸었을 때 집을 보여주는 사람이 누구인지부터 확인을 해봤어야 했다. 지금부터 알려주는 방법을 알고 있었다면 불법 중개업자에게 사기를 당할 일은 현저히 줄었을 것이다.

방법은 간단하다. 처음에 매물 광고를 보고 부동산 사무실에 전화했을 때 핸드폰으로 명함을 보내달라고 요구한다. 명함에는 부동산 사무실 상호, 이름, 직책, 연락처 등이 기재되어 있다.

명함의 이름 앞에 기재된 직책이 개업(대표)공인중개사가 아니라 실장, 부장, 팀장, 이사 등으로 기재되어 있다면 십중팔구 중개보조원이다. 물론 실제 공인중개사이면서 기재를 하지 않기도 하는데 그리 많지 않다. 대부분 공인중개사라면 이름 앞에 공인중개사를 기재한다. 이렇게 명함을 받았으면 집을 보러 가기 전에 1가지 더 확인할 게 있다.

　인터넷에서 '중개업 조회', '공인중개사 조회'를 검색하면 '국가공간정보포털'의 열람공간 중 하나인 '부동산중개업 조회'가 나오는데 접속해 들어간다. 그런 다음, 부동산 사무실의 지역, 상호 등을 입력하면 현재 해당 부동산 사무실에 대한 정보를 자세하게 확인할 수 있다.

　정상적으로 영업 중인지, 행정처분을 받아 영업 정지 중인지부터, 언제 등록한 부동산 사무실인지, 보증보험에 가입은 했는지, 개업(대표)공인중개사의 이름과 등록된 직원들이 소속공인중개사인지, 중개보조원인지 직책과 이름까지 자세하게 확인해 볼 수 있다.

부동산중개업 조회

🏠 > 조회·열람 > 정보민원열람 > **부동산중개업 조회**

기본정보

상호	████공인중개사사무소
대표자	████
등록번호	11██-20██-000█
소재지	서울특별시 ████████████
전화번호	2██-███
구분	공인중개사
상태	1
보증보험유무	유
대표자 사진공개	공개
등록일자	2015.████
비고	-

소속공인중개사 및 중개보조원

직위	구분	성명
일반	중개보조원	████
일반	공인중개사	████

• 출처: 국가공간정보포털

이렇게 명함에 나와 있는 이름과 조회된 정보에 나온 이름을 비교해보고 임차인의 집을 보여줄 사람이 누구인지 미리 파악한 다음, 부동산 사무실을 방문하기를 추천한다. 중개보조원도 단순히 집만 보여주는 것은 가능하지만 현장에서 해당 집의 권리적인 부분이나 계약 진행 내용 등 중요한 부분에 대해서는 관여하면 안 되므로 임차인은 이를 미리 알고 있어야 한다.

만약 처음부터 중개보조원이 전화를 받고 집을 안내하고 계약의 중요한 부분을 거론하며 가계약 관련 문자를 보낸 다음, 계약까지 진행한다면 이는 엄연히 불법이므로 처벌 대상이다. 이런 경우에는 자격증을 대여한 불법 중개업체인 확률이 높다.

집을 보고 마음에 들어 부동산 사무실에 직접 방문해 계약하기로 했다면 중요하게 확인할 것이 또 있다. 처음에 명함을 받고 공인중개사 조회를 했더니 공인중개사로 확인이 되어 안심했는데 알고 봤더니 중개보조원이 자격증을 빌려서 운영하는 곳이 있어서다.

명함을 제작할 때 자기 이름이 아닌 실제 개업(대표)공인중개사의 이름으로 만들어서 사용하는 불법 중개업자도 간혹 있으므로 조심해야 한다. 부동산 사무실에 방문하면 금방 알 수 있다. 사무실 벽면에 비치된 공인중개사 자격증과 중개사무소 등록증을 확인하면 된다.

공인중개사 자격증과 중개사무소 등록증에 나와 있는 이름이 일치하는 사람이 개업공인중개사다. 또한, 자격증과 등록증에

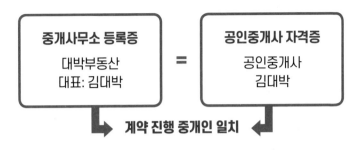

중개사무소 등록증
대박부동산
대표: 김대박

=

공인중개사 자격증
공인중개사
김대박

➡️ **계약 진행 중개인 일치** ⬅️

는 사진까지 있으므로 실제 계약을 진행해주는 중개인과 일치하는지까지 꼭 확인해야 한다.

전세 사기를 당하는 임차인들은 대부분 불법 중개업자를 만나면서부터 시작됐다. 처음부터 이러한 불법 중개업자를 만나지 않았더라면 임차인은 그들이 짜놓은 '판'에 들어가지 않았을 텐데 정말 안타까운 마음뿐이다.

사실 집초년생들이 이러한 내용까지 전부 파악한다는 것은 쉽지 않음을 필자도 잘 알고 있다. 하지만 알아야 당하지 않는다. 아니, 꼭 알아야만 한다. 이제부터는 그들이 대체 왜 이런 일들을 벌이는지 설명하겠다.

03

사기꾼들,
돈 잔치를 벌이다

빌라 전세 사기는 앞에서 말한 식으로 진행된다. 부동산에 지식이 부족한 임차인이라면 당할 수밖에 없는 구조다.

먼저 건축주가 빌라를 지으면서 판을 짠다. 건축주가 빌라를 짓는 이유는 당연히 돈을 벌기 위함이다. 빌라의 모든 세대를 분양하는 게 목표다. 또한, 최대한의 수익을 내려고 한다. 그래서 눈에 보이지 않는 부분에는 저렴하고 하급 판정을 받은 자재를 쓰는 건축주가 예상보다 많다. 물론 그렇지 않은 건축주가 훨씬 많지만 그동안 필자가 현장에서 봐온 경험상 빌라 전세 사기에 연루된 빌라들은 집 내외부에 하자가 있는 경우가 많았다.

예를 들어, 빌라 10세대를 지은 건축주가 있는데 1세대당 원가가 1억 8,000만 원이라고 해보자. 건축주는 당연히 수익을 내는 것이 목적이다. 그래서 1세대당 5,000만 원을 남기기로 하고 분양가를 2억 3,000만 원으로 정했다.

그런데 빌라 분양은 쉽지 않다. 아파트는 수요가 많아서 분양이 수월하지만 빌라는 분양보다 전세나 월세 수요가 더 많기 때문이다. 주변만 둘러봐도 알 것이다. 빌라에 전세나 월세로 살면서 무주택 자격으로 아파트 청약의 꿈을 갖고 사는 사람이 정말 많다.

빌라 분양이 어려우면 이때 건축주와 불법 분양(컨설팅)업체가 손을 잡고 계략을 꾸민다. 일명 '동시 진행'이라는 수법을 이용한다.

건축주가 빌라 1세대당 2억 3,000만 원을 목표로 잡았다면 이에 맞춰 불법 분양업체가 광고를 시작한다. 분양가는 3억 2,000만 원, 전세는 2억 8,000만 원, 분양가를 꽤 높게 정한 이유는 전세 가격이 비교적 저렴해 보이기 위한 일종의 트릭(Trick)이다.

임차인은 대부분 전세를 원하기 때문에 분양업체가 전세 세입자를 맞추는 일은 생각보다 어렵지 않다. 보통 분양업체는 해당 빌라의 한 호실에 간단하게 사무실을 차렸다가 현장이 마무리되면 흔적도 없이 사라진다.

분양업체의 광고를 직접 보고 오는 임차인도 있고 분양업체와 함께 일하는 부동산 사무실들도 있는데 여기서 임차인을 구해 연결해준다. 계약이 이뤄지면 건축주나 분양업체 측에서 해당 부동산 사무실에 수수료를 지급해준다. 이는 불법이 아니며

정상적인 방법이다.

리베이트의 유혹

부동산 사무실은 중개를 해 수익을 내므로 건축주에게 법으로 정해진 수수료를 받는 것은 당연하다. 그런데 문제는 여기서부터다. 시세보다 현저하게 높은 전세금액인 줄 알면서도 돈에 눈이 멀어 계약을 진행하는 불법 중개업자와 불법 분양업체가 불특정 다수의 임차인을 구하기 때문이다. 향후 임차인이 보증금을 회수하기 어렵다는 걸 알면서도 의도적으로 고액의 전세금으로 계약을 진행한다는 말인데 왜 이렇게까지 할까?

다음은 실제로 분양업체가 부동산 사무실에 홍보하는 내용이다.

R은 리베이트(Rebate)의 약자로, R 1개당 100만 원을 의미한다. R을 적게는 10개에서 많으면 50개를 주기도 한다. R이 30개

라면 3,000만 원인데 전세 세입자 1명만 구해줘도 사회초년생 연봉에 가까운 큰돈을 벌 수 있다. 실제로도 자격증을 빌려서 운영하는 불법 중개업체 1곳에서만 수십 건의 계약이 진행되었으니 받은 R만 수억 원에 가까울 것이다.

여기서 이 R이 전부 임차인의 돈이라는 점이 중요하다. 그마저도 전세 대출을 빼면 얼마 안 되는 돈이다. 즉, 임차인의 주머니에서 나온 돈으로 일당들은 R 잔치를 벌이는 것이다. 하지만 임차인들은 이러한 사실을 모른 채 전세 대출 이자 지원 등의 각종 혜택을 받는다는 꼬임에 넘어간다. 이자 지원금이라는 명목으로 받은 돈이 원래 임차인 자신의 돈이었음을 모른 채 말이다.

불법 분양업체들에는 비슷한 점이 있다. 사무실에 가보면 중개보조원이 수십 명씩 근무하고 있는데 대부분 일을 시작한 지 얼마 안 된 젊은 친구가 많다는 점이다. 그래서 집을 보여주고 내 계약을 진행해주는 중개인이 정확히 누구인지 사전에 꼭 확인해야 피해를 줄일 수 있다.

이쯤에서 임차인들은 의문이 든다. 전세금이 많든 적든 건축주는 계약이 만료되면 전세금을 반환해줘야 되는데 왜 불법 분양업체와 짜고 이러한 일을 벌이는지 말이다.

건축주는 임대인이므로 권리와 의무가 있고 그중에서 보증금 반환의무가 가장 중요하다. 하지만 처음부터 불법 분양업체와 손을 잡는 건축주의 머릿속에는 이미 바지사장이 준비되어 있었다. 최근 뉴스에서 자주 봤던 일명 바지사장이 바로 이때 등장한다.

건축주는 임차인과 전세 계약을 체결한 다음, 바지사장에게 소유권을 넘기면 임대인의 권리와 의무에서 벗어나게 된다. 건축주가 임차인이 한 번도 보지 못한 바지사장에게 소유권을 떠넘기면서 보증금 반환의무를 회피하는 것이다.

기존 집주인이 임차인이 있는 집을 새로운 집주인에게 매매하는 것은 불법이 아니다. 임차인의 동의조차 필요 없다. 법적으로도 가능한 방법이다.

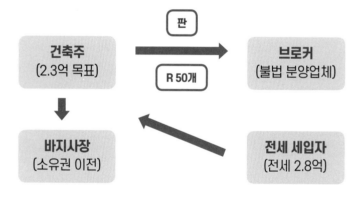

이처럼 브로커인 불법 분양업체가 건축주에게 전세 세입자를 구해주면 건축주는 목표였던 금액을 제외하고 불법 분양업체에 뒤로 R을 준다. 그리고 미리 섭외해둔 바지사장에게 소유권을 이전해주면서 판은 마무리된다. 모든 거사가 끝나고 나면 전세 세입자만 외롭게 남는 것이다.

이렇게 매매와 전세를 동시에 진행한다고 해서 일명 '동시 진행'이라고 부르는데 독자 여러분이 봤을 때 또 다른 의문이 들 것이다.

'소유권이 바지사장한테 넘어갔다면 바지사장에게 전세금을 달라고 하면 되지 않나?'

하지만 바지사장은 처음부터 돈이 없는 무자력자다. 1건의 소유권을 이전받을 때마다 적게는 수십만 원에서 많게는 몇백만 원까지 수수료를 받아 챙긴다. 향후 전세 계약이 만료되면 임차인에게 보증금을 반환해줘야 하는 걸 알면서도 눈앞에 보이는 돈 몇 푼 때문에 이러한 사기판에 가담하는 것이다.

부동산 관련 지식이 부족하거나 돈이 급한 사회초년생, 노숙자 등이 바지사장이 되는데 불법 분양업체 등이 미리 섭외해 놓는다. 임차인의 전세금과 같은 금액으로 매매를 진행하면서 소유권을 바지사장에게 이전한다. 소유권 이전에 들어가는 취득 비용은 당연히 불법 분양업체가 부담해준다.

불법 분양업체는 전세 계약이 만료될 때면 집값은 오르니 돈 한 푼 들이지 않고 투자하는 좋은 기회라고 현혹하면서 부동산 지식이 부족한 사람들을 바지사장으로 만든다. 거기에 용돈으로 수수료까지 받으니 바지사장이 된 사람들은 꿩 먹고 알 먹고, 도랑 치고 가재까지 잡는 좋은 기회라고 생각해 덜컥 미끼를 문다.

처음에는 잘 모르고 한두 건을 하다가 이러한 내막을 나중에 알게 돼도 수수료를 받아 챙길 욕심에 수십 채, 수백 채를 소유한 빌라왕, 오피스텔왕, 아파트왕이 된다.

임차인들의 계약 기간이 만료되면 바지사장은 당연히 전세금을 돌려주지 않는다. 시세보다 훨씬 높은 전세금액으로 임차인을 다시 구하기가 어려워졌을 뿐만 아니라 그동안 바지사장이 체납한 재산세, 종부세 등 각종 세금 때문에 이미 집 등기부등본에는 압류가 진행된다. 그렇기에 새로운 임차인을 구할 수도 없고 집을 팔 수도 없게 되는 것이다.

결국 바지사장은 '나 몰라라' 하면서 잠적하게 된다. 수소문해 바지사장을 찾아도 아무것도 가진 것이 없으므로 임차인이 전세금을 받아내기에는 현실적으로 어렵다.

이제부터 임차인이 모든 것을 짊어지고 감내해야만 한다. 후회를 해봐도 달라지는 것은 없다. 임차인이 처음부터 집 시세를 제대로 확인했다면 이런 일은 없었을 것이다.

04

실거래가의
진실

전세로 사는 임차인은 계약이 만료되면 집주인이 무조건 전세금을 돌려준다고 생각한다. 그래서 당연히 전세금을 반환받을 수 있다고 확신한다.

요즘 들어 전세 사기를 당해 하루아침에 길바닥에 나앉게 된 임차인들의 인터뷰 등 전세 사기 관련 뉴스가 계속 나오자 임차인들의 생각이 많이 바뀌고 있다.

'집주인이 만기 때 내 전세금을 줄 수 있을까? 없을까?'

그런 뉴스를 보면서 안타깝지만 당사자가 잘 확인해보지 않은 탓도 있다면서 '나는 절대 당하지 않아'라고 생각하는 사람도 분명 많을 것이다. 하지만 임차인의 보증금을 노리는 못된 인간들이 촘촘하게 만들어놓은 그물을 피할 수 있는 임차인은 사실 그리 많지 않다.

불법 중개업자를 만나지 않았다면 임차인은 100퍼센트 안전하게 전세금을 돌려받을 수 있었을까? 불법 중개업자가 계약을 진행해줬다고 해서 임대인과 임차인의 계약이 무효가 되지 않는다. 그 전세금액으로 그 집을 선택한 건 임차인 본인이다. 1억 원짜리 집에 1억 5,000만 원 전세로 들어갔다고 불법은 아니다. 시세 확인을 제대로 하지 않고 무작정 전세 계약을 하는 바람에 보증금을 날리는 상황이 발생했을 뿐이다. 계약 전에 임차인이 적정 시세를 제대로 파악했다면 깡통전셋집임을 알고 계약하지 않았을 것이다.

사실 임차인이 시세를 정확하게 파악하려고 해도 빌라는 그 시세 파악이 어렵다. 반면, 아파트는 각종 거래 계약의 양이 많고 평수별로 어느 정도 일정하게 가격대가 정해져 있어서 시세 파악이 쉽다. 선호하는 동, 층별로 약간의 차이만 있을 뿐이다. '국토교통부 실거래가 공개시스템(rt.molit.go.kr)'에 들어가면 쉽게 거래 사례를 확인하면서 내가 계약하려는 아파트의 시세와 비교해볼 수 있다. 약간의 손품만 팔면 어느 정도 깡통전세의 위험에서 벗어날 수 있다.

물론 빌라, 오피스텔, 연립주택 등도 국토교통부 실거래가 공개시스템에서 금액은 확인할 수 있다. 하지만 한 단지에 몇백 세대씩 있는 아파트와 달리 세대수가 많지 않고 이전의 매매, 전세 등의 사례가 거의 없는 경우도 많아서 적정한 시세를 확인하기가 어렵다. 집주인이 부르는 호가가 시세가 될 확률이 높다는 말이다. 그래서 이전 거래 사례가 없는 빌라라면 집주인이 부르는 가격이 정말 맞는 금액이라고 착각해 계약하는 사람이 분명 있다. 이러한 이유로 전세 사기 대부분은 빌라처럼 시세 확인이 어려운 집일수록 많이 발생한다.

실거래가를 무조건 믿지 마라

빌라 시세를 확인하는 과정은 간단하다. 주택 매매 계약을 체결하거나 주택 임대차 보증금이 6,000만 원을 초과하거나 월차임이 30만 원을 초과하면 계약 체결일로부터 30일 이내에 실제 거래금액을 해당 신고관청에 신고해야 한다. 이를 위반하면 과태료가 부과된다. 실거래 금액 신고 내용은 국토교통부 실거래가 공개시스템에 들어가면 확인할 수 있다. 아파트, 빌라, 오피스텔 등의 전세 대부분은 보증금이 6,000만 원을 초과하므로 거의 다 확인할 수 있다고 보면 된다.

집을 매수하려는 사람뿐만 아니라 임차인도 실거래가 확인은 필수다. 집주인이 부르는 호가를 적정 시세로 착각하는 오류를 범해서는 안 되기 때문이다.

여기서 필자는 실거래가를 너무 맹신하지 말라고 말해주고 싶다. 대체 이게 무슨 말인가? 집주인의 호가를 그대로 믿으면 안 되고 실제 신고된 거래금액을 확인해서 적정 시세를 판단하라고 하지 않았는가?

여기 빌라 전세를 구하던 신혼부부가 2억 8,000만 원짜리 신축빌라를 소개받았다. 내부를 보니 다 새것이라서 마음에 들어 계약하기로 했다. 혹시 몰라 국토교통부 실거래가 공개시스템에서 해당 빌라의 다른 집 실거래가(전·월세)를 확인해보니 전세금 2억 8,000만 원으로 들어온 임차인이 있었다(임차인 A라고 하자).

해당 빌라에 먼저 전세 2억 8,000만 원에 사는 임차인 A가 있음을 알게 된 신혼부부는 예정대로 전세 계약을 할 것이다. 전세 대출 이자 지원이라는 혜택도 주겠다는 입담 좋은 불법 중개업자의 멘트까지 더해지니 계약하고 싶은 마음이 더 들 것이다. 보통 전세 거래의 과정이라고 볼 수 있는 이 상황에 이런 가정을 해보면 어떨까?

'먼저 살고 있는 임차인 A가 신축빌라 동시 진행에 당했다면?'

확인해보니, 4월 2일에 전세 2억 8,000만 원으로 계약을 한 임차인 A의 빌라가 일주일 뒤인 4월 9일에 전세금액과 같은 금액으로 매매 계약이 진행되어 소유권이 이전됐다. 바지사장에게

4월

전용면적(㎡)	계약일	거래금액(만 원)	층
53	9	28,000	4

전용면적(㎡)	계약일	보증금(만 원)	층
53	2	28,000	4

• 주: 설명에 필요한 정보만 표기함 | 출처: 국토교통부 실거래가 공개시스템

넘어갔다는 합리적인 의심을 해볼 수 있다. 물론 갭투자자가 선의의 투자를 했을 수도 있으나 필자는 그렇게 생각하지 않는다. 의심이 믿음이 되는 순간, 임차인은 보증금을 날릴 확률이 높아진다.

임차인 A가 4월 2일에 전세 계약을 체결할 당시에는 실거래가 기록이 없었다. 임차인 A가 처음으로 계약했기 때문이다. 임차인 A의 전세금 2억 8,000만 원이 실거래가로 국토교통부 실거래가 공개시스템에 기록되는 순간부터 그 뒤의 임차인들은 2억 8,000만 원이 적정 시세인 줄 알고 계약을 진행할 것이다.

국토교통부 실거래가 공개시스템에 들어가 검색을 하면 매매와 전·월세가 구분되어 기록되어 있다. 전세를 구한다고 해서 전·월세부분만 보는데 그렇게 하지 말고 매매부분까지 같이 보면서 해당 빌라나 아파트에 의심이 가는 거래 흔적이 있는지 볼 필요가 있다. 그러려면 지금 내가 보고 있는 실거래가가 꼭 맞는다는 생각부터 하지 말아야 하는데 앞에서 필자가 말한대로 실거래가를 너무 맹신하지 않겠다는 자세가 우선 필요하다.

한 달 만에 수천만 원이 오른다?

다른 사례를 살펴보자. 4월에 2억 4,400만 원 매매로 실거래가가 올라온 빌라가 있다. 거래유형은 공인중개사를 통한 중개거래(매매 거래)다. 그런데 5월에 같은 빌라의 다른 층(4층)이 2억 9,000만 원으로 매매 신고가 됐다. 거래유형은 매도인과 매

5월

전용면적(㎡)	거래금액(만 원)	층	거래유형
45	29,000	(4)	직거래

4월

전용면적(㎡)	거래금액(만 원)	층	거래유형
45	24,400	(2)	중개거래

• 주: 설명에 필요한 정보만 표기함 | 출처: 국토교통부 실거래가 공개시스템

수인의 직거래로 표시됐다.

과연 이 사실을 그대로 믿어도 될까? 층수만 다를 뿐 내부 면적도 같은 빌라의 매매금액이 한 달 만에 5,000만 원 가까이 수직 상승하는 게 과연 가능한 일인가? 물론 주변 개발 호재 등으로 가격이 올랐다고 할지 모르겠으나 필자는 이 빌라의 실거래가를 믿지 못하겠다. 집값을 올리기 위한 짜고 치는 고스톱이라고 의심할 수밖에 없다.

공인중개사를 통한 거래가 아니고 직거래방식이니 더욱더 의심이 든다. 직거래방식이라고 해서 무조건 거짓이라고 확언할 순 없다. 그러나 개인이 부동산 사무실을 통하지 않고 같은 빌라의 신고가보다 5,000만 원 가까이 높은 금액으로 매수했다는 건 쉽게 납득이 되지 않는다.

정말 가격을 일부러 올리려고 짜고 치는 고스톱 같은 계획의 거래라면 이러한 거짓 거래 신고를 일명 '자전 거래'라고 한다. 실제로 매매할 의사가 없으면서 허위계약서를 작성해 국토교통

전용면적(㎡)	계약일	해제여부	해제사유발생일	거래금액(만원)	층
32■	24			22,000	6
35■	6	O	21.03■	26,000	10

• 출처 : 국토교통부 실거래가 공개시스템

부 실거래가 공개시스템에 등록해 실거래가로 기록을 남겼다가 잔금을 치르기 전에 계약이 해제됐다며 해제 신고를 한다. 부정하게 집값을 올릴 때 하는데 보통 직거래방식으로 진행한다.

나중에 해제 신고를 해도 그전까지는 실제 거래처럼 국토교통부 실거래가 공개시스템에 남아있다는 것이 큰 문제다. 그 가격을 기준으로 계약하는 임차인이 분명 있기 때문이다.

허위 계약으로 신고되면 부동산 시장 질서 교란행위에 해당되어 과태료 처분을 받지만 현실적으로 단속에는 어려움이 있다. 예를 들어, 지인과 짜고 실제로 매매계약서를 작성하고 계약금 일부를 지급했다면 허위 계약이라고 단정 짓기가 힘들다.

*

지금까지 언급한 실거래가 사례들이 전부 거짓이라고 볼 수는 없다. 그렇다고 해도 기준 가격을 참고하는데 거래 사례가 단 한 건도 없거나 비교할 만한 자료가 부족하다면 좀 더 신중히 접근해야 안전한 계약을 할 수 있다.

효율적으로 빌라 구하는 노하우

아파트처럼 한 단지 안에 세대가 많아서 실제 거래 사례가 많다면 국토 교통부 실거래가 공개시스템을 통해 대략적인 시세를 확인할 수 있다. 하지만 소규모 세대인 빌라는 거래 사례가 부족해 실거래가 정보로는 한계가 있다. 그래서 원하는 주택의 인근에 있는 부동산 사무실에 발품을 팔아야 한다.

한 곳만 방문하지 말고 물건지 근처의 여러 부동산 사무실에 방문해서 시세를 확인할 필요가 있다. 이때 내가 원하는 주택의 기준을 정해놓고 그 기준에 맞는 빌라를 찾으면 나중에 최선의 선택까지 할 수 있다. 다음과 같은 내용에 대해서는 미리 정해놓고 있어야 한다.

① 주택의 입지: 예를 들어, 지하철역이나 버스정류장에서 반경 몇 미터 내에 있는 주택을 알아볼 것인지 정하는 식이다. 대부분 지하철역에서 가까울수록 시세는 높아진다.

② 주택의 면적과 층수: 내부 전용면적을 기준으로 원하는 방의 개수와 층수를 정해놓는다. 보통 빌라는 중간층 정도를 많이 선호한다. 1층은 사생활 침해가 생길 수 있고 꼭대기 층은 옥상에서 누수가 발생하면 심각한 피해를 볼 수 있다.

③ 집의 연식: 사용 승인 후 10년 이내, 7년 이내, 5년 이내 등으로 고민해본다. 같은 면적이라도 연식에 따라 가격 차이가 나기 때문이다. 당연히 최근에 지어진 빌라일수록 내부 상태는 좋다. 오래된 빌라를 매입할 경우 리모델링 등으로 추가 비용이 발생할 수도 있다고 생각해놓고 있어야 한다.

④ 엘리베이터 유무: 생활에 있어서 엘리베이터의 편리성은 꽤 크다. 그래서 빌라에 엘리베이터가 있으면 금액은 높아진다. 비슷한 면적, 비슷한 연식의 주택이라고 해도 엘리베이터 유무에 따라 가격 차이가 난다는 점을 참고한다.

이렇게 정한 기준으로 찾은 매물들 중에서 10곳 정도를 추려낸 뒤, 주택마다 평당 단가를 계산해보면 내가 원하는 지역의 집값이 대략 어느 정도인지 알 수 있다. 결과로 나온 평균 집값의 약 90퍼센트를 상한선으로 정하고 알아보면 무리가 되지 않을 것이다.

꾸준하게 발품을 팔면 좋은 매물을 만나는 기회가 분명 찾아온다. 특히 빌라가 많은 지역의 부동산 사무실에 가보면 온라인 등에 매물 광고를 하지 않는 집이 많다. 더욱 발품을 팔 필요가 있다.

부동산 사무실에는 최대한 정중한 모습으로 방문하면 좋다. 부동산 사무실에 근무하는 공인중개사도 똑같은 사람이라서 예의 있는 고객을 더 신경 쓴다. 정중하게 상담하고 연락처를 남겨놓으면 사정상 급매로 나온 좋은 물건을 만날 확률이 높아질 수 있다.

2장

세입자를 노리는
전세 사기는 더 많다

전세 사기에서 빌라가 많은 비중을 차지하는데 원룸(다가구
주택), 아파트, 오피스텔 등에서도 전세 사기가 자주 발생하
고 있다.

빌라의 바지사장과는 다른 수법으로 세입자의 보증금을 노
리는데 부동산 종류에 따라 그 수법 또한 교묘해지고 있다.
이중 계약 등 유형별 사기수법을 알아둬야 안전하게 보증금
을 지킬 수 있다.

01

원룸 전세 사기 ①
원룸에 대해 제대로 알고 있는가?

사회초년생이거나 자금 여력이 부족한 사람은 보통 원룸 월세부터 시작한다. 요즘 원룸에는 TV부터 에어컨, 냉장고, 세탁기, 건조기까지 옵션이 풀(Full)로 된 경우가 많다. 혼자 살면 가전제품 마련에 부담이 큰데 이 부담을 덜어주는 풀옵션된 원룸이 인기가 많다.

원룸의 월세는 지역과 집의 상태에 따라 다르지만 적게는 수십만 원에서부터 많게는 100만 원이 넘는다. 원룸에 월세로 사는 임차인은 매달 나가는 월세가 아까워 전세로 옮기고 싶다는 생각을 한다. 하지만 지금부터 필자가 말하는 내용을 아는 순간, 그 생각은 저절로 사라질 것이다.

내용을 알기 전에 먼저 원룸이라고 하는 부동산에 대해 제대로 알아야 한다. 흔히 방이 1칸이면 그 부동산의 종류를 따지지 않고 원룸이라고 말한다. 현장에서 보면, 다세대주택인 빌라를 쪼개서 만든 원룸도 있고 오피스텔을 원룸이라고 부르기도 한다. 대부분 원룸이라고 부르는 부동산은 '다가구주택'이다.

주택은 크게 단독주택과 공동주택으로 나눈다. 단독주택은 단독주택, 다가구주택 등으로 구분되는데 전세 사기를 다루는 이 책의 특성상 다가구주택에 포인트를 맞출 것이다. 다가구주택은 옛날 하숙집을 생각하면 이해가 쉬울 것이다. 주인이 집에 남는 방들을 월세나 전세로 내놓았던 형태가 건물의 크기와 층수가 늘어나 다가구주택이 됐다고 보면 어느 정도 감이 올 것이다. 즉, 주인이 한 사람이고 건물에 모든 임차인이 월세나 전세로 거주하는 형태를 말한다.

아파트, 빌라, 연립, 다세대주택 등은 공동주택이라고 하는데 다가구주택과는 아주 큰 차이점이 있다. 집의 크기나 구조 외에도 등기부등본 형식과 소유자가 다르다는 점이다.

우리가 흔히 말하는 원룸이 다가구주택이라면 건물 전체를 한 사람이 소유한다(공동명의로 된 경우도 있음). 등기부등본은 토지등기부와 건물등기부로 각각 구분되어 있으므로 소유자나 근저당권 등 권리관계를 파악할 때는 각각 발급해서 확인해봐야 한다.

아파트, 빌라, 연립, 다세대주택 등 공동주택은 소유자가 호실마다 각각 다르다. 그러면 등기부등본은 토지등기부와 건물등기부가 각각 구분되어 있지 않고 대지권이 등록된 집합건물등기부 1가지로 되어 있다. 이것을 확인해보면 소유자 및 권리관계를 파악할 수 있다(오피스텔도 집합건물등기부를 발급해야 한다).

다가구주택	다세대주택
소유자 ➡ 건물 전체 등기부 ➡ 토지, 건물	소유자 ➡ 호실 각각 등기부 ➡ 집합건물

여기서 임차인이라면 꼭 알아야 할 중요한 1가지가 더 있다.

원룸이 다가구주택이라면 임차인이 전입신고와 확정일자를 받을 때 다가구주택의 주소만 기재하고 원룸 호실을 정확히 기재하지 않아도 경매에서는 순서대로 배당받을 수 있다. 반면 아파트, 빌라, 연립, 오피스텔, 다세대주택 등의 경우 전입신고를 할 때 주소 및 호실까지 정확하게 기재해야만 경매에서 배당을 받을 수 있다. 이 차이점을 꼭 기억해야 한다.

다가구주택	다세대주택
소유자 ➡ 건물 전체 등기부 ➡ 토지, 건물 전입 확정 ➡ 건물 지번 (배당 가능)	소유자 ➡ 호실 각각 등기부 ➡ 집합건물 전입 확정 ➡ 호실 기재 (배당 가능)

02

원룸 전세 사기 ②
어떻게 치고 어떻게 막을 것인가?

다가구주택의 구조를 이해했다면 실제로 자주 일어나는 원룸 전세 사기구조를 면밀하게 살펴보자.

다가구주택인 원룸 건물에는 많은 임차인이 거주하고 있는데 독자 여러분에게 먼저 질문을 하고 싶다. 원룸에 전세로 들어갈 때 가장 주의할 점이 뭔지 말이다. 대부분 '등기부등본만 잘 확인하면 되지 않을까?'라고 생각할 것이다.

현장에서 보면, 다가구주택 대부분이 은행에서 대출을 받았음을 알 수 있다. 적게는 몇천만 원에서 많게는 10억 원이 넘는 근저당권이 1순위로 되어 있다.

건물주가 원룸 건물을 짓거나 매입할 때 대부분 은행에서 대출을 받고 은행은 바로 근저당권을 설정한다. 나중에 경매가 진행되면 채권을 회수하는 데 유리하기 때문이다. 은행의 근저당권이 1순위이므로 경매 등이 진행되면 은행이 먼저 배당받은 다음에 임차인들이 순서대로 배당받게 된다. 대출이 없는 원룸 건물도 있지만 그리 많지 않다. 이렇게 임차인이 원룸에 전세나 월세로 들어간다면 대부분 근저당권보다 늦게 우선변제권이 있게 됨을 기억하자.

여기서부터가 핵심이다. 은행은 건물의 시세를 감정한 뒤, 그 한도 내에서 대출해준다. 예를 들어, 15가구가 있는 원룸 건물 시세가 10억 원이라면 은행은 원룸의 개수마다 임차인의 최우선변제금액을 계산해서 일명 '방 공제' 등을 하고 정해진 비율을 산정해 대출해준다. 은행에서 4억 원을 대출받았다면 이자 등을 미리 계산해서 채권 최고액으로 4억 4,000만 원 정도를 근저당권으로 설정하는 식이다.

이런 원룸 건물에 경매가 진행되어 8억 원에 낙찰됐다고 해보자. 먼저 낙찰대금 8억 원에서 경매비용, 당해세, 소액임차인의 최우선변제금으로 3억 원이 배당됐다면 5억 원이 남는다. 그리고 은행에 1순위 근저당권 4억 4,000만 원이 배당되면 6,000만 원이 남는다. 해당 원룸 건물에 전세 8,000만 원으로 계약한 임차인이 여러 명 있다면 어떻게 될까?

결론부터 말하면, 임차인들 중 우선변제권 날짜가 제일 빠른 임차인만 6,000만 원을 배당받고 그 뒤 임차인들은 한 푼도 배당받지 못하게 된다. 소액임차인에 해당되어 보증금 중 일부는 최우선변제로 받을 수는 있으나 나머지 금액은 날리게 되는 것이다. 1순위인 은행 근저당권이 경매에서 말소기준권리가 되기 때문에 근저당권 뒤 모든 임차인은 대항력이 없어서 낙찰자에게 대항하지 못하고 쫓겨나게 된다. 정말 안타까운 상황이 발생하는 것이다. 이러한 상황을 인지하지 못하고 원룸에 전세로 들어간다면 돈을 날릴 작정으로 들어가는 것과 다름이 없다.

앞에서 말했듯이 원룸 건물에는 대부분 1순위 근저당권이 있다. 실제 현장에서 대출이 없는 경우를 찾기는 어려우므로 임차인은 알면서도 어쩔 수 없이 전세 계약을 할 수밖에 없다. 이럴 때는 나보다 앞서서 우선변제권을 취득하고 있는 임차인들의 보증금 내역을 꼭 확인해 봐야 한다. '꼭'이란 단어보다 더 강하게 어필할 수 있는 단어가 있다면 그 말을 사용하고 싶을 정도라고 필자는 말하고 싶다.

원룸 전세 사기 이렇게 친다

사실 예전부터 원룸에 전세로 들어갔다가 보증금을 날린 임차인이 많았는데 뉴스에 잘 나오지 않아서인지 모르겠지만 지금도 많은 임차인이 이러한 사실을 모른 채 원룸에 전세로 들어가고 있다.

이제 원룸 전세 사기의 수법을 살펴볼 것인데 설명할 원룸 전세 사기의 사기꾼을 '나사기'로 칭하겠다. 나사기는 자기 돈 5억 원을 갖고 9억 원짜리 원룸 건물을 매입하면서 4억 원을 대출받았다(해당 원룸 건물에는 원룸이 18개가 있었고 다 월세였다).

나사기는 원룸 건물을 매입하면서 기존에 살고 있던 임차인들의 월세 계약을 종료시키고 다 내보냈다. 일반적으로 매달 월세 수익을 올리기 위해 원룸을 매입하는데 나사기는 파렴치한 계약을 진행하기 위해 월세 임차인들을 내보낸 것이다.

나사기는 월세 임차인이 다 빠진 원룸 건물에 전세로 살 임차인을 구하기 시작했다. 원룸 하나당 전세 5,000만 원으로 임차인을 들이면 나사기에게는 9억 원의 현금이 생긴다. 5억 원을 투자해서 9억 원을 버는 셈이다.

5억 원 투자

원룸 (18가구) → 올(All) 전세 5천만 원

18가구×5천만 원 = 9억 원

나사기의 원룸에 들어간 임차인들은 아무것도 확인하지 않았던 걸까? 앞서 말했듯이 임차인들 대부분은 원룸에 전세로 들어갈 때 등기부등본만 깨끗하면 별 의심 없이 덜컥 계약한다. 또한, 임차인의 유무 상태가 등기부등본에는 표시되지 않기 때문에 더욱 그렇다.

사실 대항력이나 우선변제권이 무엇인지 모르면서 원룸에 전세로 계약하는 임차인이 거의 대부분이다. 그냥 내 전세금은 나중에 온전히 돌려받을 수 있다고 생각하고 계약한다.

나사기 같은 사기꾼은 부동산 관련 지식이 부족한 임차인을 상대로 너무나 손쉽게 사기를 친다. 전세를 구하는 임차인들에게 해당 원룸 건물에 전세 세입자는 없고 전부 300~500만 원 정도의 소액보증금에 월세로 거주한다는 거짓말을 하면서 안심시킨 뒤 계약을 체결한다.

이렇게 5억 원을 투자해서 9억 원을 챙긴 나사기는 여기서 멈추지 않는다. 임차인 전세금 9억 원으로 또 다른 원룸 건물 2채를 매입해서는 더 많은 돈을 얻기 위해 발 빠르게 움직인다. 다시 전세로 임차인을 전부 채우면 15억 원 정도가 나사기의 주머니에 들어가게 된다.

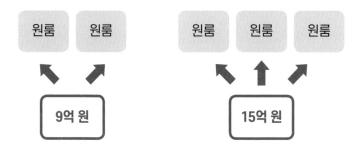

그 15억 원으로 또 다른 원룸 건물 여러 채를 매입한다. 이쯤 되면 나사기는 돈을 복사하는 경지에 이르게 된다. 많게는 수십 채까지 작업하는데 꼬리가 길면 잡힐 수밖에 없다.

처음에 계약했던 전세 임차인들의 계약이 만기되면서 나사기에게 전세금 반환을 요구할 것이다. 하지만 나사기는 처음부터 전세금을 돌려줄 생각이 전혀 없었다. 이미 수십억 원의 돈을 챙기고 나 몰라라, 속칭 만세를 부를 준비만 하고 있었을 뿐이다. 실제로 이러한 방법으로 전세 사기를 치고 잠적하는 사기꾼이 많은데 임차인이 소송해도 사실상 전세금을 받아내기가 대부분 어렵다.

선순위 보증금 내역을 확인하자

이게 바로 지금도 많은 임차인의 피눈물을 흘리게 하는 원룸 전세 사기의 수법이다. 그렇다면 나사기와 같은 수법에 당하지 않는 방법은 없을까?

당연히 있다. 그런데 임차인들 대부분이 몰라서 당할 수밖에 없었다. 원룸에 전세로 들어갈 때는 등기부등본 외에 꼭 확인할 것이 있다. 바로 선순위 임차인의 보증금 내역이다.

앞에서 말했듯이 다가구주택은 대부분 1순위로 근저당권이 있으므로 그 뒤로 나보다 앞선 선순위 임차인들의 보증금 내역을 확인해봐야 한다.

계약을 체결할 때 집주인에게 선순위 임차인들의 임대차계약서 등을 요구해서 보증금이 얼마인지 확인해볼 수 있는데 집주인들 대부분은 이에 응하지 않는다. 법적으로 집주인은 선순위 임차인들의 확정일자 부여일, 보증금 등의 정보를 계약하려는 임차인에게 제시해줄 의무가 있는데도 실제 현장에서는 임차인에게 그렇게 까탈스럽게 굴 거면 계약하지 않겠다고 엄포를 놓기도 한다. 그래서 임차인은 어쩔 수 없이 계약을 진행한다. 집주인과 임차인의 직거래라면 더욱더 확인하기가 어렵다.

공인중개사를 통한 계약의 경우 공인중개사는 해당 다가구주택에 사는 선순위 임차인들의 보증금 등 관련 정보를 집주인에게 요구해 계약하려는 임차인에게 설명해줄 의무가 있다. 그런데 집주인이 직접 선순위 임차인들의 보증금 내역을 임대차계약서 등으로 정확하게 알려주지 않으면 계약 전에는 사실상 정확하게 알 수 있는 방법이 없다. 집주인의 말을 믿고 계약을 진행하는 경우가 많은 게 현실이다.

공인중개사가 선순위 임차인들의 보증금 내역을 확인하지 않고 계약을 체결했다가 이후 경매 등이 진행되어 임차인이 보증금 관련해 손해를 입는다면? 공인중개사의 과실이 인정될 경우 임차인은 공인중개사에게 손해배상을 청구할 수 있다.

전세 임차인으로 가득 차 있는데도 집주인이 먼저 살고 있는 임차인들의 보증금이 소액이라고 거짓말을 한다면 임차인이 당할 확률은 높아질 수밖에 없다.

집주인이 선순위 임차인과 관련한 임대차 정보를 알려주지 않는다면 계약하지 않는 것이 안전하다. 그런데 이미 계약했다면 즉시 임차인이 확인할 것이 있다. 신분증과 계약서를 갖고 행정복지센터에 방문해서 해당 다가구주택 건물의 전체 '확정일자 부여현황'을 열람해본다.

확정일자 부여현황에는 현재 임차인들의 확정일자 부여일, 보증금, 월차임이 기재되어 있다. 이를 확인해서 임차인들의 보증금을 전부 합한 금액이 얼마인지 계산해봐야 한다. 집주인이 말한 선순위 임차인들의 보증금 내역과 다르거나 많다면 (이미 계약을 했다면) 절대로 잔금을 지급해서는 안 된다. 이를 이유로 계약을 해제한다며 계약금 반환을 요구해야 한다.

확정일자 부여현황은 계약을 체결하기 전에도 집주인의 동의를 얻어 임차인이 직접 열람할 수 있지만 동의하는 집주인이 적다. 계약을 체결했다면 집주인의 동의가 필요 없으니 반드시 확인한다. 임차인이 이러한 내역을 확인하지 않는다면 시한폭탄을 들고 들어가는 것과 마찬가지다.

확정일자 부여현황을 열람할 때 추가로 확인하면 좋은 서류가 있다. 바로 '전입세대 열람 내역서'다. 이 문서에는 해당 원룸 건물에 전입한 임차인들이 기재되어 있다. 만약 전입신고가 되지 않은 임차인이 있다면 우선변제권이 없으므로 선순위 임차인 보증금을 계산할 때 참고하면 된다.

계약할 때 집주인이 선순위 임차인들의 전체 임대차계약서를 확인시켜줬어도 이를 믿고 확정일자 부여현황을 확인하지 않으면 낭패를 볼 수 있다. 집주인이 임대차계약서, (집주인이 발급받아 온) 확정일자 부여현황을 위조하거나 과거 월세 임대차계약서를 보여줘서 임차인을 속일 수 있기 때문이다. 반드시 임차인이 직접 행정복지센터에 방문해서 확정일자 부여현황을 확인한다. 임차인은 집주인의 말을 곧이곧대로 믿어서는 안 되며 이를 증명하는 서류만을 믿어야 안전하다.

이렇게까지 해야 하나 싶겠지만 고액의 보증금을 지켜야 하는 전세 계약에서는 반드시 해야 하는 과정이므로 이를 무시해서는 절대 안 된다. 의도적으로 임차인들의 보증금을 노린 나사기의 사례 외에도 집주인의 갑작스러운 경제 사정 때문에 경매로 넘어가는 경우가 많으므로 임차인이라면 반드시 이러한 내용을 숙지해야 한다.

과거에는 집주인이 체납한 국세 및 지방세를 임차인이 확인하려면 집주인의 동의가 필요했다. 앞으로는 보증금이 1,000만 원을 초과하는 임대차 계약을 체결한 예비 임차인이라면 임대차 시작일까지 집주인의 동의가 없어도 미납한 세금을 전국 모든 세무서 등에서 열람할 수 있게 됐다.

경매에서 임차인의 보증금보다 먼저 배당받는 당해세를 임차인이 잔금을 치르기 전에 확인할 수 있으므로 임차인 입장에서는 예전보다 좀 더 안전해졌다고 할 수 있다. 하지만 확정일자 부여현황, 집주인의 미납 세금을 열람하려면 임대차 계약을 체결한 후에나 가능하다는 점에 문제가 있다는 비판이 많다.

현행법상 계약 전에는 임대인의 동의가 필요해 확인이 어려우므로 임대차 계약을 체결할 때 조건부 해제 특약을 넣는 것을 추천한다. 예를 들어, '해당 다가구주택의 선순위 임대차 보증금이 임대인이 고지한 금액과 다르거나 미납 국세 등이 있을 경우 즉시 계약금을 반환하고 조건 없이 계약을 해제한다'와 같은 특약을 계약서에 기재한다면 향후 문제가 발생했을 때 임차인에게 유리하게 적용될 수 있다.

　이러한 내용을 부동산 사무실에서 알아서 해줄 것으로 생각할 수 있겠지만 집주인과 직거래를 하는 경우도 많으므로 임차인은 반드시 선순위 보증금 내역 등을 확인해야 한다.

03

나는 전세로 사는데
이 집이 월세라고?

이번에 말할 사기수법은 원룸뿐만 아니라 아파트, 빌라, 오피스텔 등 주거용 부동산 모두에 해당한다. 제목 그대로 임차인이 전세로 사는 집이 알고 보니 월세인 경우다.

몇 년 전, 30대 직장인이 원룸을 전세로 얻기 위해 부동산 사무실에 방문했다가 꽤 저렴하게 나온 물건을 소개받았다. 그래서 전세 5,000만 원에 계약을 체결했다.

계약할 때 오지 않은 집주인을 대리해서 부동산 사무실 대표라는 사람이 진행했다. 집주인이 지방에 멀리 살아서 오지 못하고 원룸 건물 전체에 대한 임대차 계약을 부동산 사무실이 위임받아 관리하고 있다는 말까지 했다. 집주인이 임대차 계약을 부동산 사무실에 위임했다는 내용이 적힌 위임장도 보여줬다.

그래도 30대 직장인이 불안해하자 부동산 사무실 대표(라는 사람)는 계약서에 적힌 집주인 핸드폰 번호로 전화를 건 다음, 스피커폰 통화로 계약 내용이 맞는지 확인까지 해줬다. 이렇게 집주인과 통화까지 했으니 더는 의심할 수 없었고 계약서에 쓰여 있는 계좌번호로 전세금을 이체하고 입주까지 마쳤다.

현관문의 메모지

6개월 정도 지난 어느 날, 퇴근하고 보니 현관문에 붙은 메모지를 발견하게 된다. '방문했으나 아무도 없어서 메모 남깁니다. 월세 문제로 급히 전화 부탁드립니다. 임대인 010-○○○○-○○○○'의 내용이었다.

전세로 계약해 살고 있는데 월세 문제라니? 임차인(30대 직장인)은 너무 황당했다. 계약서를 확인해보니 계약할 때 임대인(집주인)의 전화번호는 메모에 적힌 전화번호와는 달랐다. 그동안 집주인과는 전화통화를 할 기회가 없었기에 혹시 보이스 피싱 같은 건 아닌지 의심하면서 메모에 적힌 번호로 전화를 걸었더니 중년의 여성이 받았다.

임차인은 월세가 아니고 전세 5,000만 원으로 계약했는데 혹시 착각하신 것 아닌지 물었다. 집주인은 보증금 500만 원에 월세 50만 원으로 계약했는데 무슨 소리냐며 더 놀라는 것 같았다. 월세가 4개월째 입금되지 않아서 계약서의 임차인 번호로 여러 번 전화했지만 받지를 않아 집에 무슨 일이 있는지 확인차 방문했다가 사람이 없어 메모지를 붙여놓았다고 했다.

집주인이라는 사람의 목소리를 들어보니 계약 당시 부동산 사무실에서 연결해준 집주인의 목소리와는 완전히 달랐다.

당황한 임차인은 즉시 부동산 사무실에 전화를 걸었지만 받지 않았다. 뭔가 잘못됐다고 생각해 급히 부동산 사무실에 가봤더니 문은 굳게 잠겨 있었다. 혹시 몰라서 계약서에 나와 있는 집주인 번호로 전화를 걸어봤지만 없는 번호였다.

알고 보니 집에 찾아온 집주인의 말은 사실이었고 임차인은 이중 계약 사기에 당한 것이었다. 어떻게 이런 사기수법이 가능했던 걸까?

현장에서는 원룸이 밀집한 지역에 있는 부동산 사무실이 원룸 건물 전체에 대한 임대차 계약을 단독으로 위임받아 관리하는 경우가 정말 많다. 실제로도 원룸 건물 주인이 월세 계약에 대한 위임장을 작성해주고 부동산 사무실에 막도장까지 맡겨놓는 경우가 많은데 이러한 점을 악용해 이중 계약 사기를 친 것이다.

그 부동산 사무실은 공인중개사 자격증을 빌려서 불법으로 운영했고 미리 짜놓은 판에 임차인 수십 명이 당했다. 집주인이 보증금 500만 원, 월세 50만 원 정도로 원룸에 월세 임차인을 구해달라고 부동산 사무실에 의뢰하면 불법 중개업자는 어차피 월세 계약이니 번거롭게 직접 오지 않아도 된다며 위임서류를 요구한다.

그다음, 전세 계약의 집주인 역할을 할 사람을 미리 섭외해 놓고 임차인 앞에서 전화하는 모습을 보여 집주인이 정말로 위임했다고 연기를 한다. 임차인이 전화를 한 사람이 진짜 집주인인지 아닌지 확인할 방법은 없기에 가능한 것이다. 전화를 받은 사람은 이미 진짜 집주인의 인적사항을 불법 중개업자를 통해 알고 있으므로 쉽게 속일 수 있다.

돌이켜 보면, 계약 당시 의아한 점이 있었다. 계약서 특약에 적힌 계좌번호의 이름이 집주인의 이름과 달랐던 것이다. (가짜) 집주인이라는 사람과 전화할 때 이에 대해 물으니 세금 문제 때문에 본인 계좌에 이체 내역이 남으면 안 돼서 전세금을 본인의 언니 명의 계좌로 넣어주면 된다고 했다. 임차인은 부동산 사무실 대표를 믿고 의심 없이 집주인의 요구대로 전세금을 이체했다.

불법 중개업자는 이렇게 전세 계약을 체결했고 진짜 집주인에게는 보증금 500만 원, 월세 50만 원으로 작성한 허위 월세계약서를 건네줬다. 허위 월세계약서에 적힌 임차인의 연락처 역시 다른 전화번호였기에 진짜 집주인이 임차인에게 연락해봤자 연결되지 않았다. 이후 불법 중개업자는 진짜 집주인에게 임차인의 이름으로 보증금과 2개월 치 월세를 이체하고 나머지 돈을 챙겨 잠적해버렸다. 이렇게 되면 임차인의 보증금은 어떻게 될까?

집주인은 월세 계약이 맞는다고 주장할 것이고 임차인은 집주인이 작성해준 위임장을 믿고 전세 계약을 체결했으니 집주인에게도 책임이 있다고 주장할 것이다. 임차인 입장에서는 부동산 사무실 관계자가 집주인으로부터 임대차 계약을 위임받아 그 대리권의 범위 내에서 전세 계약을 체결했다는 정당한 이유가 있다면 민법상 표현대리를 주장해서 전세금의 책임을 집주인에게 물을 수 있다. 하지만 재판의 결과는 상황에 따라 달라질 수 있으므로 예측하기가 어렵다. 처음부터 이러한 전세 이중 계약 사기에 당하지 않는 것이 가장 중요하다. 그렇다면 임차인은 어떻게 해야 하는가?

보증금은 무조건 등기부등본상 소유자 계좌로 지급해야 한다. 앞의 사례에서처럼 대리인과 전세 계약을 할 때 사정을 설명하면서 이름이 다른 계좌로 입금해달라는 요구를 받으면 임차인은 어떠한 상황에서도 절대 입금해서는 안 된다. 물론 보증금이 적은 월세 계약이나 확실한 대리 계약의 경우 집주인이 보증금을 다른 사람 명의의 계좌로 수령을 원해 지급할 수도 있겠지만 되도록 추천하지 않는다. 다시 한번 말하지만 보증금이 고액인 전세 계약은 반드시 소유자 계좌로 지급해야 한다.

앞에서 말한 30대 직장인의 사례는 불법 중개업자가 대리인 자격으로 치밀한 계획을 세워서 이중 계약을 체결한 보기 드문 사건이라고 할 수도 있다. 그렇다고 해도 실제로는 소유자의 가족이나 지인이 대리인 자격으로 계약을 체결하러 오는 경우가 자주 있다. 이때에도 대리인에게 적법한 대리권이 있는지 반드시 확인해야 한다.

말보다 위임서류

대리인의 '말'만 믿어서는 절대로 안 된다는 것을 명심하라. 정말 중요한 부분이다. 대리 계약의 경우 대리인이 제출한 위임서류를 정확히 확인해봐야 한다.

사실 위임방식에 구체적인 방법은 정해져 있지 않다. 구두상의 위임도 가능하지만 향후 문제가 발생했을 때 다툼의 여지가 생길 수 있으므로 계약할 때 위임서류를 꼭 확인해야 한다.

위임서류에는 보통 3가지가 있다. 집주인이 작성한 대리 계약위임장, (되도록) 집주인 본인이 발급한 인감증명서, 집주인의 신분증 및 대리인의 신분증 등이 대리 계약 시 위임서류세트라고 보면 된다.

집주인이 작성한 대리 계약위임장에 대해서부터 알아보자. 다음 그림은 대리 계약위임장의 한 사례다(소유자는 김주인, 대리인은 나대리라고 한다).

위임장에는 계약 목적물인 위임하는 부동산의 주소가 동, 호수까지 기재되어 있는지, 소유자인 위임인의 인적사항과 연락처가 기재되어 있는지 확인한다. 위임 내용에는 전세 계약인지, 월세 계약인지 대리 업무의 범위와 권한이 구분되어 있어야 한다. 정확하게 금액까지 기재되어 있다면 앞의 사례처럼 월세 계약위임장으로 전세 계약을 체결하는 이중 계약 사기를 예방할 수 있다. 그러므로 계약의 형태를 반드시 명시하고 대리인에게 대금 수령 등에 관한 방법이 따로 정해져 있다면 그 범위와 권한

[위임장]
- 위임 부동산: 서울 마포구 ○○동 ○○빌라 ○○동 ○○호
- 소유자: 김주인(연락처 등 인적사항 기입)
- 위임 내용: 전세 또는 월세 내용(금액까지 기재)
- 대리인: 나대리(연락처 등 인적사항 기입)
- 위임인(소유자): 김주인(인감도장)

2023년 ○월 ○일

(인감증명서 첨부)

까지 기재할 필요가 있다.

또한, 계약의 권한을 위임받은 대리인의 인적사항과 연락처가 기재되어 있어야 하며 무엇보다도 소유자인 위임인의 인감도장이 날인되어 있는지 꼭 확인한다. 정말 중요한 부분인데 자필로 서명까지 받아놓으면 더 좋다.

추가로 위임장 작성일자, 작성일로부터 얼마의 기간까지 위임장의 효력이 있다는 내용까지 명시해두면 강력한 대리권을 인정하는 위임장이라 할 수 있다.

그다음, 집주인 본인이 발급한 인감증명서에 대해서 알아보자. 인감증명서는 본인뿐만 아니라 대리인도 발급이 가능하다. 그래도 본인이 직접 발급한 인감증명서가 비교적 문제가 발생할 소지가 적기 때문에 집주인이 직접 발급한 인감증명서를 요구한다.

인감증명서에서는 집주인의 주민등록번호 등 인적사항을 확

인한다. 특히 중요하게 확인할 부분이 있다. 바로 인감증명서에 나와 있는 인감 모양과 위임장에 날인된 집주인의 인감도장 모양이 일치하는지 여부다. 만약 위임장의 인감도장과 인감증명서에 등록된 인감이 일치하지 않는다면 대리인이 막도장을 만들어 작성한 위조된 위임장일 수 있으므로 주의해야 한다.

만일을 대비해 대리인이 준 집주인의 인감증명서도 위조 여부를 확인한다. 정부24 사이트에 들어가 '서비스→사실/진위확인'으로 들어가면 '인감증명발급 사실확인'이 나오는데 여기에서 발급일자, 주민등록번호, 확인용 발급번호 등을 입력하면 진위 여부를 확인할 수 있다.

이렇게 소유자인 집주인이 대리 계약의 대리인을 지정하고 그 범위와 권한까지 정확하게 기재해서 작성한 위임장과 집주인이 직접 발급한 인감증명서에 인감도장까지 일치한다면 대리 계약의 위임장으로서 강력한 증표가 된다. 만일을 대비해 임차인이 위임 관련 서류를 보관하고 싶다면 대리인이 제출한 서류 원본을 복사해 대리인에게 '원본대조필'이라는 자필과 서명을 받아 보관한다.

마지막으로, 집주인의 신분증과 대리인의 신분증을 대조해봐야 한다. 보통 집주인의 신분증은 분실 위험 등 여러 사유로 사본으로 보여주는 경우가 많다. 하지만 대리인의 신분증은 원본을 확인한다. 보통 성인이라면 본인을 확인시켜 주는 증표인 신분증을 소지하고 있을 테니 바로 보여달라고 한다.

집주인의 신분증에 나온 인적사항과 계약서, 위임장, 인감증명서 등에 기재된 인적사항이 일치하는지 확인한다. 대리인의 경우 계약서 및 위임장에 지정된 대리인의 인적사항과 일치하는지 확인하고 신분증에 나온 대리인의 얼굴까지 대조한다.

이렇게 집주인과 대리인의 신분증에 나온 인적사항과 계약서 및 위임서류의 인적사항, 대리인의 얼굴까지 일치했다면 끝일까? 여기서 1가지 더 확인할 게 남았다. 바로 집주인과 대리인의 신분증이 진짜인지 진위 여부를 확인해보는 것이다.

주민등록증의 경우 정부24에 들어가 '서비스→사실/진위확인'으로 들어가면 나오는 '주민등록증 진위확인/잠김해제'에서 주민등록번호, 이름, 발급일자 등을 입력해 간단하게 진위 여부를 확인할 수 있다. 운전면허증의 경우 '도로교통공단 안전운전통합민원' 사이트(www.safedriving.or.kr)에 들어가 '전체 메뉴'를 클릭하면 나오는 '면허증 진위여부 조회'에서 이름, 생년월일, 운전면허번호, 암호일련번호 등을 입력하면 진위 여부 확인이 가능하다.

04

소리소문없이
대출을 받는 집주인

지금부터 말하는 사기로 인해 피해를 보는 임차인이 상당히 많다. 아파트뿐만 아니라 빌라, 오피스텔 등 많은 주거용 부동산에서 흔히 일어날 수 있고 실제로도 이러한 이유로 인해 임차인이 거주하던 전셋집이 경매로 종종 나온다.

필자가 앞에서 설명했던 대항력과 우선변제권은 어떻게 발생하는지, 전입신고와 확정일자는 왜 받아야 하는지 등을 어느 정도 알고 있다면 이번 이야기가 쉽게 이해될 것이다.

예를 들어, 시세가 3억 원인 아파트에 전세금 2억 원으로 전세 계약을 체결한 임차인이 있다고 해보자. 임차인이라면 전세 계약을 체결하기까지 많은 고민을 한다. 매매나 전세 시세는 얼마나 되는지, 혹시 깡통전세는 아닌지 등에 대해 고민에 고민을 거듭하다 집 하나를 결정했을 것이다.

전셋집 잔금 날이 되면 임차인은 매우 바쁘다. 기존에 살던 집이 월세나 전세라면 보증금도 반환받아야 하고 도시가스부터 각종 공과금 정산도 해야 한다. 그뿐인가, 새로 이사 갈 집에 전세 잔금도 치러야 하고 아침 일찍부터 이삿짐센터 사람들과 부딪혀가는 등 정신없는 하루를 보낸다. 여기서 필자는 1가지 묻고 싶은 것이 있다. 이사로 인해 바쁜 하루 중 혹시 빠트린 것이 있지 않냐고 말이다.

맞다! 전입신고와 확정일자다. 필자가 중개업을 하면서 임차인들에게 제발 꼭 이사하면서 임대차계약서를 갖고 행정복지센터에 잠깐 들러 전입신고와 확정일자를 받으라고 항상 신신당부한다. 아파트 같은 집합건물의 경우 소유자나 기존 임차인의 전입신고가 되어 있으면 원칙상 새로운 임차인은 전입이 불가능하다. 그래서 보통 잔금 날에 기존 세입자가 전출된 후, 새로운 임차인의 전입이 진행된다.

정말 중요한 전입신고와 확정일자

정신없는 잔금 날에 그 무엇보다 중요한 전입신고를 하지 않는 임차인들을 현장에서 자주 본다. 필자는 고액의 보증금을 주면서도 전입신고를 느긋하게 하는 임차인들을 보면 정말 용감하다는 생각이 든다. 필자라면 이삿짐 정리가 늦어지더라도, 점심에 자장면을 먹지 못하더라도 무조건 먼저 행정복지센터로

달려가 전입신고와 확정일자부터 받았을 것이다.

많은 사람이 잔금 날을 금요일로 정한다. 이유는 금요일에 이사하고 주말 동안 짐 정리를 한 다음, 휴식을 취하기 위해서다. 이때 만약 나쁜 집주인을 만난다면?

임차인이 6월 16일(금)에 전세 2억 원 계약의 잔금을 치르고 입주했는데 깜빡하고 전입신고와 확정일자를 받지 못해 주말을 보낸 다음, 느긋하게 6월 19일 오후에 전입신고와 확정일자를 받았다고 해보자. 그런데 집주인이 6월 19일에 악의적인 마음을 갖고 은행에서 대출받으면서 근저당권 2억 원이 설정됐다.

[6월]

일	월	화	수	목	금	토
11	12	13	14	15	16 전세 2억 잔금(입주)	17
18	19 전입, 확정 근저당권 2억	20				

여기서 이해가 되지 않는 독자가 분명 있을 것이다. 임차인이 입주했는데 어떻게 은행에서 대출이 가능한지 말이다. 안타깝지만 가능한 이야기다.

보통 은행에서는 집을 담보로 대출해줄 때 해당 집에 방문해서 누가 살고 있는지 확인하지 않는 경우가 많고 서류를 통해 전입신고 여부만 확인한다. 소유자 가족 외의 사람이 전입신고가 되어 있으면 대부분의 은행은 선순위 담보 대출을 해주지 않는다. 소유자의 지인이나 친척의 전입신고가 되어 있는 경우 전입신고가 된 사람이 임대차 계약을 맺고 거주하는 것이 아니라는 '무상 거주확인서'에 서명을 받으면 대출을 해주기도 한다. 대출을 해주는 은행 입장에서는 임차인의 선순위 대항력이나 우선변제권이 없는 상태에서 근저당권이 설정되어야 향후 안전하게 채권을 회수할 수 있기 때문이다. 그래서 은행은 대출을 해주는 집에 대항력 및 우선변제권의 필수 요소인 전입신고 유무를 '전입세대 열람내역서'라는 서류를 통해 확인한다.

임차인이 6월 19일에 전입신고를 했다고는 하지만 그날에 임차인이 전입신고를 하기 전까지는 서류에 나타나지 않으므로 집주인을 제외한 그 누구도 임차인의 유무를 알 수가 없다. 은행에서는 전입신고 유무만 확인하고 대출해준다. 대출 당일인 6월 19일에 은행 직원이 해당 집에 방문해서 누가 살고 있는지 확인만 했다면 분명 대출은 실행되지 않았겠지만 현실에서는 거의 벌어지지 않는다고 봐도 된다. 그렇다면 임차인은 어떻게 되는 것일까?

임차인이 6월 19일에 전입신고와 확정일자를 받아서 생긴 우선변제권의 효력은 익일(다음 날) 0시부터 발생한다. 하지만 6월 19일 같은 날에 설정된 근저당권은 당일 즉시 효력이 발생한다. 임차인의 우선변제권이 은행보다 뒤로 밀리게 된다.

이러한 상황에서 경매가 진행되어 2억 5,000만 원에 낙찰됐다면 1순위인 은행이 2억 원(근저당권)을 먼저 배당받고 2순위로 밀린 임차인이 나머지 5,000만 원을 배당받는다(당해세 등 생략). 임차인은 경매에서 말소기준권리가 되는 근저당권 뒤로 밀리는 바람에 대항력이 없는 후순위 임차인이 되어 전세금을 전액 배당받지 못했어도 낙찰자에게 추가로 요구하지 못하고 쫓겨나게 된다.

[6월]

일	월	화	수	목	금	토
11	12	13	14	15	16 전세 2억 잔금(입주)	17
18	19 전입, 확정 근저당권 2억 ➡	20 익일 0시 효력 발생				

즉시 효력 발생

○ ○아파트 시세 3억 ➡ 낙찰 2억 5천
1순위 6월 19일 근저당권 2억 ➡ 2억 배당
2순위 6월 20일 임차인 2억 ➡ 5천 배당

임차인이 배당받지 못한 보증금 1억 5,000만 원은 기존 집주인에게 청구할 수 있겠지만 작정하고 사기를 친 집주인은 이미 돈을 빼돌렸거나 연락이 되지 않을 확률이 크다. 임차인에게 마른하늘에 날벼락 같은 일이 벌어진 것이다. 임차인이 이사 당일인 6월 16일에 전입신고를 했다면 이런 일은 결코 일어나지 않았을 것이므로 더욱더 아쉽다.

임차인이 잔금 지급 당일에 바로 전입신고와 확정일자를 받았더라도 집주인이 6월 16일에 대출을 받으면 은행 근저당권은 즉시 효력이 발생하므로 임차인의 우선변제권보다 앞선다. 그렇다면 임차인은 어떻게 해야 보증금을 안전하게 지킬 수 있을까?

결론부터 말하자면, 방법이 없다. 전입신고와 확정일자를 받은 날에 이런 일이 발생하지 않게 기도하는 것이 어쩌면 최선의 방법일지도 모른다. 아니면 전세 잔금 날 아침 일찍 집주인을 만나 은행 업무시간이 끝날 때까지 잡아두는 것이 좋은 방법이 될 수 있다. 하지만 이렇게까지 할 수 있는 임차인은 거의 없다.

그렇다고 임차인은 가만히만 있어서는 안 된다. 할 수 있는 것은 다 해야 한다. 먼저 잔금 날에 아무리 바쁘더라도 잔금을 지급하기 전에 등기부등본을 무조건 확인해본다. 예를 들어, 6월 1일에 전세 계약을 체결하고 6월 16일에 잔금을 치르기로 했는데 계약일로부터 잔금일 사이에 집주인이 고의로 대출받아 근저당권이 설정됐을 수도 있다. 또한, 집주인의 의도와 다르게 개인 사정으로 인해 채권자들이 가압류를 하거나 체납된 세금으로 압류가 들어올 수도 있다. 그러므로 전세 잔금 날에는 반드시 등기부등본을 확인해야 한다.

만약 잔금 날에 확인해보니 임차인에게 불리하게 적용될 수 있는 기타권리가 등기부등본에 설정됐다면 절대로 잔금을 지급해서는 안 된다. 그 권리가 말소된 뒤 잔금을 지급한다. 이때 집주인이 사정을 얘기하고 이른 시일 내에 말소를 약속하면서 잔금을 요구하기도 한다. 임차인은 잔금 당일 이사가 이미 진행되고 있다는 이유로 집주인 말만 믿고 덜컥 잔금을 입금했다가는 향후 뼈저린 후회를 할 수도 있다.

어떤 집주인은 자신의 사정 때문에 임차인이 잔금을 주지 않는 것인데도 불구하고 잔금을 주지 않으면 이사를 허락하지 않기도 한다. 임차인은 기타권리가 말소되는 즉시 잔금을 줄 테니 이사부터 하게 해달라고 요구해야 한다. 그런데도 집주인이 막무가내라면 방법은 하나다. 잔금을 주지 않고 이삿짐을 철수시킬 수밖에 없다. 기존에 살던 집에 다른 누군가가 들어온다면 임차인은 이삿짐을 창고 등에 보관한다. 추가로 이사비용과 보관료가 발생하겠지만 이후 집주인에게 손해배상을 청구할 수 있다. 그래서 이런 상황을 대비해 계약서를 작성할 때 다음과 같은 특약을 넣어두면 좋다.

임대인은 계약 체결 후 해당 부동산에 임차인에게 불리한 권리 제한 사유가 발생해 잔금 지급 시까지 말소 및 해소가 불가능할 경우 임차인은 계약을 해제할 수 있다. 임차인이 계약을 해제할 경우 임대인은 임차인이 지급한 금액을 즉시 반환해주고 별도로 임차인이 입은 손해를 배상하기로 한다.

이러한 이유로 잔금을 지급하기 전에 반드시 등기부등본을 확인해야 한다. 필자는 잔금 지급일 약 10일 전부터 등기부등본을 확인하라고 추천한다. 잔금 당일에 닥쳐서 급하게 상황을 대처하는 것보다 잔금 지급 며칠 전에 등기부등본상 권리 변동 사실을 미리 알게 되면 발 빠르게 더 효율적인 대처를 할 수 있기 때문이다.

여기서 정말 중요하게 확인할 것이 하나 있다. 이렇게 잔금날 등기부등본상 권리 변동 내역이 없이 깨끗해도 안심은 금물이다.

【 갑 구 】 (소유권에 관한 사항)				
순위번호	등 기 목 적	접 수	등 기 원 인	권리자 및 기타사항
6	소유권이전	2018년5월■일 제■■호	2018년4월■일 매매	소유자 김■■ ■■-*******
				거래가액 금■■■■원
【 을 구 】 (소유권 이외의 권리에 관한 사항)				
기록사항 없음				
-- 이 하 여 백 --				

• 출처: 인터넷등기소

05

접수된 것이 있는지
확인해야 한다

보통 잔금을 지급하기 전에 등기부등본을 확인해서 권리 변동이 없음을 확인한다. 그런 다음에 잔금을 지급한다. 이렇게 하면 다 끝난 걸까? 아니다. 아직 긴장을 풀면 안 된다.

앞의 사례처럼 집주인이 같은 날에 대출을 받아 근저당권이 설정된다면 그 근저당권 등기는 등기부등본에 그날 바로 설정되지 않는다. 법원의 절차에 따라 검토가 진행되고 등기부등본에 기입되기까지 며칠 정도 시간이 소요된다. 어쩌면 임차인은 잔금 날 이후 며칠 동안은 편하게 발을 뻗고 잘 수 없을지도 모른다.

아직 등기는 되지 않았지만 등기소에 접수된 권리를 확인해 보는 방법이 있다. 컴퓨터나 스마트폰으로 인터넷등기소 사이

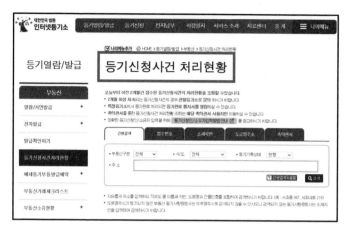

• 출처: 인터넷등기소

트에 접속해서 '열람/발급→등기신청사건 처리현황'으로 들어간
다음, 부동산 주소와 소유자 정보 등을 입력하면 된다.

조회된 결과가 없다면 그 시점까지 등기신청 사건이 없다는
것이다. 만약 접수된 근저당권 등이 있다면 다음처럼 등기목적
에 '근저당권 설정'이라고 나타난다. 임차인에게는 숨어있는 폭
탄이 되는 것이다. 그러므로 잔금 날에 등기부등본만 확인하고
깨끗하다는 이유로 안심해서는 절대 안 된다.

	접수일자	접수 번호	관할 등기소	계	부동산소재지번	등기목적	처리 상태	국민주택 채권매입 (환급)액	신청 구분	등기필 정보 등 교부상태
1	▬▬	▬	▬		▬	근저당권설 정	접수완료 접수증출력	없음	이폼	미출력

• 출처: 인터넷등기소

하지만 이 또한 확실한 예방법은 되지 못한다. 임차인이 등기

부등본, 등기신청사건 처리현황을 조회했는데도 특이점이 없어 잔금을 지급했으나 뒤이어 곧바로 근저당권이 접수됐다면 마찬가지로 임차인의 대항력과 우선변제권은 당일 효력이 발생하는 근저당권에 밀려 후순위가 되기 때문이다.

그렇다고 해도 등기신청사건 처리현황을 조회해봐야 한다. 잔금 지급 전까지 등기소에 접수된 권리들을 확인해서 기타권리가 접수됐다면 그에 대한 대처를 빠르게 할 수 있기 때문이다.

잔금 지급과 관련한 팁이라고 할 수 있는데 임차인에게 잔금 지급 시간은 최대한 늦을수록 좋다. 이유는 간단하다. 은행 업무시간이 종료되면 나쁜 집주인은 나쁜 짓을 못하기 때문이다.

이렇게 잔금을 지급하고 전입신고와 확정일자를 받은 다음 날에 다시 한번 등기신청사건 처리현황을 조회했는데 전날 접수된 권리가 없다면 비로소 그때 임차인은 1순위 대항력과 우선변제권을 가지게 된다.

잔금 날에 집주인을 잡고 있을 수도 없고 임차인의 대항력이 다음 날 0시부터 발생하는 상황이 불안하다면 '전세권 설정등기'를 하는 방법이 있다. 전세권을 등기하면 우선변제권의 효력은 당일 즉시 발생하게 되어 임차인의 불안감을 해소하는데 좋은 방안이 된다. 이처럼 집주인을 절대로 못 믿겠다면 전세권을 설정하면 되는데 이에 대해서는 뒤에서 설명하겠다.

잔금 날 불안해하는 임차인을 위한 굿 뉴스

잔금 날에 집주인이 나쁜 마음을 먹을 것 같은 걱정에 불안해하는 임차인들에게 희소식이 생겼다. 정부가 시중은행과 협약해 은행이 집을 담보로 대출해주기 전에 임차인의 확정일자 유무를 확인할 수 있도록 정보를 연계하는 정책을 추진하고 있다. 이는 임차인이 전입신고를 한 날 집주인이 임차인 모르게 대출받는 것을 막기 위한 정부의 조치라고 할 수 있다.

정책의 핵심 내용은 다음과 같다. 임차인 대부분이 잔금을 치르기 전에는 전입신고를 하지 않아서 은행이 집을 담보로 대출해줄 때 임차인의 유무를 확인하기가 어려웠다.

그런데 이번 정책으로 해당 집에 임차인의 전입신고가 되어 있지 않아도 은행이 임차인의 확정일자 유무를 확인할 수 있도록 정보 연계가 가능해졌다. 임차인의 보증금 규모를 파악하고 이를 대출 심사과정에 반영해서 대출 한도를 정할 수 있게 된 것이다. 이러면 집주인이 담보 대출을 받을 수 있는 금액은 현저히 줄어든다.

확정일자는 임차인이 계약 체결 후 잔금 지급 전이라도 먼저 부여받을 수 있다. 은행이 최대한 빠르게 확정일자 정보를 확인해서 잔금 날 집주인이 대출을 받을 수 없도록 하기 위해 임차인은 계약을 체결하는 즉시 계약서에 확정일자를 부여받아야 한다.

여기서 잠깐! 집주인이 개인에게 돈을 빌리면서 근저당권을 설정한 경우도 있을 것이다. 개인은 집주인의 동의 없이 임차인의 확정일자 정보를 확인하기가 어렵다. 이런 상황에서 좋지 않은 일이 발생하면 임차인의 보증금은 위험해질 수밖에 없다. 이러한 경우까지 생각한다면 앞으로 제도 개선이 필요해 보인다.

06

진짜 집주인이
따로 있었다

지금 이 책을 읽고 있는 독자 여러분은 생각할 것이다. 사기를 치는 방법도 정말 다양하고 이런 사기를 치는 사람들의 머리는 정말 비상하다고 말이다.

사기를 치기 위해서는 복잡한 법률까지 파악하고 다방면으로 공부를 해야 할 텐데 그런 머리와 노력을 다른 곳에 투자했다면 분명 성공한 인물이 되었겠다고 필자는 생각한다.

옛말에 '뛰는 놈 위에 나는 놈이 있다'라는 말이 있다. 사기꾼이 뛴다면 우리가 날지는 못하더라도 같이 뛸 정도는 돼야 한다. 즉, 사기 방법을 알아야 피해 갈 수 있다는 말이다.

우리가 왜 이런 것까지 알아야 하나 싶겠지만 어쩔 수 없다. 알아야만 당하지 않는다.

자주 일어나는 일은 아니지만 전세로 살던 집의 집주인이 진짜가 아닌 경우가 있다. 대체 이게 무슨 말인지 이해가 되지 않을 텐데 실제로 언론에서도 자주 나왔던 내용인 신탁부동산 사기다.

갑자기 날아온 내용증명

실제로 오피스텔에 전세 1억 원으로 계약하고 거주 중인 임차인이 있었다. 임차인은 공부한 대로 잔금을 지급하고 전입신고와 확정일자를 받아 1순위가 됐다. 그렇게 평온하게 살던 어느 날, 갑자기 내용증명 1통이 집으로 날아들었다.

내용을 보니 황당했다. 임차인이 현재 거주하고 있는 집의 소유권은 ○○신탁회사에 있으므로 집을 비워달라는 내용이었다. 대체 무슨 상황이 벌어진 걸까?

임차인이 처음에 오피스텔을 계약할 때 등기부등본을 보니 소유자가 ○○신탁회사로 되어 있었다.

【 갑 구 】	(소유권에 관한 사항)			
순위번호	등 기 목 적	접 수	등 기 원 인	권리자 및 기타사항
3	소유권이전	2021년▆▆▆▆▆ 제5▆▆▆호	2021년11월3일 신탁	수탁자 ▆▆▆▆▆신탁▆▆ 서울특별시 ▆▆▆▆▆▆
	신탁			신탁원부 제2021-▆▆▆호
【 을 구 】	(소유권 이외의 권리에 관한 사항)			
기록사항 없음				

• 출처: 인터넷등기소

당시에 집주인은 절차상 잠깐 신탁회사로 소유권을 이전해

164

놓았다고 했다. 소유권은 다시 자기에게 넘어오니 안심하라고 했고 등기부등본상 신탁회사 이전의 소유자를 확인해봤더니 전세 계약서상 집주인과 동일인이었다. 시세보다 저렴한 전세금액이었고 등기부등본에 근저당권도 없이 깨끗한 상태여서 임차인은 별 의심을 하지 않고 계약을 했다.

그런데 소유권이 신탁회사에서 집주인 앞으로 다시 이전이 되지 않았고 등기부등본상 소유자인 신탁회사가 임차인에게 집을 비워달라는 내용증명을 보낸 것이었다.

해당 임차인의 전세금 1억 원은 등기부등본상 소유자인 신탁회사가 돌려주는 것일까? 결론부터 말하면, 돌려주지 않는다.

신탁 사기에 당할 수 있다

신탁이라는 개념부터 간단하게 확인해보자. 신탁의 종류에는 담보신탁, 처분신탁, 관리신탁 등이 있는데 신탁 사기는 대부분 담보신탁에서 발생한다.

예를 들어, 땅 주인이 오피스텔이나 빌라 등을 건축해서 분양 사업을 하려고 한다면 그에 따른 건축비가 막대하게 들어갈 것이다. 돈이 많으면 자기 돈으로 건축비를 감당하겠지만 대부분 땅을 담보로 대출받아서 건축비로 사용한다.

작은 규모로 짓는다면 은행에서 땅을 담보로 받은 대출로 충분하겠지만 건물의 규모가 크면 땅만으로는 건축비를 감당하기에 턱없이 부족하다. 이럴 때 담보신탁방식을 이용한다.

땅 주인이 건축비 등으로 사용할 금액을 은행이 대출해주고 건물이 지어지는 동안 소유권을 신탁회사 앞으로 이전해 놓는 것이다. 건물이 완공된 후, 땅 주인이 은행에 대출을 전부 갚으면 소유권을 다시 찾아올 수 있다.

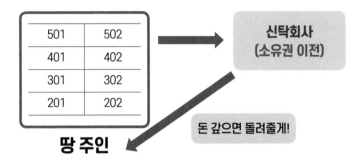

건물이 완공됐는데도 땅 주인의 분양 사업이 잘 안되거나 은행에 돈을 갚지 못하면 소유권은 여전히 신탁회사가 갖고 있게 된다. 이러한 이유로 신탁회사가 임차인에게 집을 비우라는 내용증명을 보낸 것이었다.

앞의 사례에 나오는 임차인은 땅 주인과 전세 계약을 체결하고 전세금을 지급했지만 땅 주인은 등기부등본상 소유자가 아니었다. 즉, 임차인은 임대할 권한이 없는 사람과 전세 계약을 체결했고 권한 없이 집에 거주하는 불법 점유자로 몰리게 됐다. 임차인은 돈 한 푼 받지 못하고 쫓겨나는 상황에 처했다.

신탁 등기가 된 집에 전세나 월세로 들어가면 모든 임차인이 이렇게 쫓겨나는 것일까? 아니다. 처음부터 확인만 잘 했다면 이런 일은 발생하지 않았다.

대부분 신탁 등기가 된 집은 등기부등본에 근저당권이 없고 깨끗하다. 이런 점 때문에 임차인들이 덜컥 계약을 해버리는 경우가 많다.

필자는 신탁 등기가 된 집에 전세로 들어가는 것을 추천하지 않는다. 그렇지만 좋은 조건의 집이라서 전세 계약을 해야 한다면 반드시 확인할 부분이 있다. 앞의 사례에 나오는 임차인도 정말 중요한 부분을 확인하지 않는 바람에 이처럼 되돌릴 수 없는 피해를 입은 것이다.

신탁 등기가 되어 있는 집이라면 등기부등본 외에 '신탁원부'라는 서류를 반드시 발급받아서 확인해본다. 신탁원부는 땅 주인이었던 실질적 소유자인 위탁자와 신탁회사인 수탁자 간의 담보 계약관계 등 세부적인 계약의 특약까지 기재되어 있는 서류다.

신탁원부는 등기소를 방문해서 발급할 수 있는데 이때 임차인은 신탁원부를 통해 임대차 계약을 체결할 수 있는 권한이 누구에게 있는지 잘 살펴봐야 한다.

신탁원부의 계약 내용 중 임대차에 관련한 특약부분에 '위탁자는 수탁자의 동의 없이 임대차 행위를 할 수 없으며 위탁자가 수탁자 동의 없이 임대차 계약을 체결할 경우 보증금 반환 등 모든 책임은 위탁자에게 있다' 등의 내용이 기재되어 있다면 전세 계약할 때 신탁회사의 임대차 계약동의서를 반드시 받아야만 한다. 또한, 집주인이라고 하는 위탁자가 임대 권한 및 보증금을 수령할 권한이 있는 경우에만 위탁자 계좌로 보증금을 입금해야 한다. 그렇지 않다면 수탁자인 신탁회사로 입금해야 한다.

신탁 사기를 막는 특약

사실 임차인들이 신탁원부에 나와 있는 계약사항까지 꼼꼼하게 검토해서 계약을 체결한다는 건 어렵다. 설령 확인을 위해 발급받았어도 작은 글씨로 복잡한 용어가 가득 차 있는 수십 장의 신탁원부를 본다면 임차인의 머릿속에는 태풍이 휘몰아칠 수밖에 없다. 이러한 이유 때문에 신탁 등기가 된 집의 전세 계약을 만류한다.

전세 계약 시 집주인이라고 하는 사람은 대부분 금방 소유권을 본인 명의로 돌려놓을 테니 걱정하지 말라며 임차인을 안심시키려고 할 것이다. 이 말을 그대로 믿어서는 절대 안 된다.

그런데도 정말 어쩔 수 없이 전세 계약을 해야 한다면 집주인 (예정자)이 소유권 이전을 약속한 날을 잔금 지급 날로 지정하고 계약서에 다음의 특약을 반드시 명시한다.

임대인은 잔금 시까지 임대인 명의로 소유권 이전이 불가하면 계약을 무효로 하고 조건 없이 임차인에게 계약금을 반환한다.

이렇게 특약으로 명시해두면 잔금 날에 소유권 이전이 되지 않았을 경우 임차인은 계약금을 반환받을 수 있으므로 반드시 기억해야 한다.

신탁 등기가 된 집에 전세 계약을 체결할 때는 만일의 사태에 대비해 계약금은 최소한으로 적게 지급한다. 대부분 계약금은 거래금액의 10%라고 생각하는데 사실 계약금은 정해져 있지 않다. 부동산 거래 관례상 10% 정도를 지급하는 것이므로 이처럼 위험성이 있어 보이는 계약을 체결할 경우 계약금은 5% 정도인 소액으로 하는 게 임차인의 피해를 그나마 줄일 수 있다.

권한이 없는 사람과 전세 계약을 체결하고 전세금까지 지급한 앞의 사례에 나온 임차인의 보증금은 어떻게 될까? 전세 계약 상대방에게 청구할 수는 있겠지만 사실 상대방은 이미 금전적 여유가 없을 가능성이 매우 높다. 결국 임차인이 모든 피해를 감당할 수밖에 없다. 그러므로 신탁 등기가 된 집을 임차인 자력으로 판단하고 계약해서는 절대 안 되며 반드시 법률 전문가의 도움을 받아야 한다.

*

임차인이 왜 이런 부분까지 확인해야 하는지 답답해할 것을 필자도 잘 알고 있다. 정부에서도 여러 측면으로 임차인을 보호하기 위한 개선방안을 추진하고 있지만 임차인의 보증금을 노리는 악당들로부터 임차인들을 완벽히 보호하기에는 아직 부족한 부분이 많다. 그러므로 임차인은 이러한 행태의 교묘한 수법

들을 알아야만 악당들로부터 소중한 보증금을 지켜낼 수 있을

것이다.

07

등기부등본의 근저당권 공동담보는 시한폭탄과 같다

이번에 소개할 보증금 사기방법은 지금도 전국 이곳저곳의 신축빌라, 오피스텔에서 자주 발생하는 실제 사례다.

전셋집이나 월셋집을 알아볼 때 등기부등본을 확인해봐야 한다는 것은 이제 모두 안다고 필자는 생각한다. 집을 알아본 사람이라면 자주 경험했을 텐데 이제 막 지은 신축빌라나 오피스텔의 등기부등본을 발급해서 보면 대부분 1순위로 은행 근저당권이 설정된 경우가 비일비재하다. 그 이유는 집주인인 건축주가 신축건물을 지을 때 공사대금 등에 필요한 자금이 부족해서 은행에 대출을 받았기 때문이다.

은행은 절대로 손해 보는 장사를 하지 않는다. 돈을 빌려줄 때는 무조건 그에 비례하는 담보를 잡고 대출을 해준다. 예를 들어, 건축주가 빌라 20세대를 신축한다면 은행은 빌라 1세대당 최소 금액을 산정한 뒤 대출을 해주고 등기부등본에 근저당권을 설정한다. 빌라 1세대당 3억 원 정도의 가치가 있다고 판단되면 은행은 향후 채권 회수의 리스크를 줄이기 위해 3억 원보다 적은 2억 원 정도를 빌려주는 것이다. 이러한 이유로 신축빌라나 오피스텔의 경우 등기부등본에 1순위로 근저당권이 설정되어 있다.

그렇다고 해서 임차인은 크게 걱정할 필요는 없다. 마음에 드는 집에 1순위로 근저당권이 설정되어 있다면 임차인의 보증금으로 해당 세대에 설정된 근저당권 대출금액을 상환한 다음, 근저당권 설정등기를 말소하고 임차인이 1순위를 확보하면 된다. 예를 들어, 매매 시세가 3억 원 정도의 빌라에 전세보증금 2억 원으로 계약을 체결하려고 하는데 등기부등본에 1순위로 은행 근저당권 2억 원이 설정되어 있다면 임차인의 전세보증금 2억 원으로 은행 대출 2억 원을 갚고 근저당권 등기를 삭제시키는 것이다.

여기서 주의할 점이 있다. 잔금은 집주인인 건축주의 은행 계좌가 아니라 근저당권이 설정된 은행(근저당권자) 계좌로 보내야 안전하다. 계약할 때 집주인의 말만 믿고 집주인 계좌로 잔금을 보냈는데 집주인이 은행에 대출금을 상환하지 않고 잠적하는 경우가 있어서다. 그렇게 되면 그 피해는 고스란히 임차인의 몫이다. 실제로 부동산 경기 침체로 인해 많은 건축업자가 파산에 이르면서 여러 문제가 발생하고 있다. 계약할 때는 한없이 인자한 집주인처럼 보였지만 향후 문제를 만드는 집주인이 많다는 것을 반드시 기억해야 한다.

참고로, 근저당권이 과도하게 설정된 집을 계약한다면 계약금을 최소한으로 하는 것이 비교적 안전하다. 잔금을 치를 때 집주인이 은행 근저당권 상환 및 말소를 약속했더라도 그 약속이 지켜지지 않을 것을 대비해 계약금을 적게 지급해서 향후 문제가 발생했을 때 피해금액을 되도록 적게 하기 위함이다.

계약금은 꼭 전세금액의 10%로 정해진 것이 아니다. 부동산 계약 관례상 10%를 지급하는 것이다. 과도한 근저당권이 설정된 집이라면 5% 정도를 계약금으로 지급하는 게 좋다. 그리고 집주인이 중도금을 요구하면 응하지 않는 것이 안전하다. 중도금은 계약 당사자 간의 협의가 있을 때 지급하는 것이라 반드시 지급할 의무는 없다.

계약하려는 집에 1순위 근저당권이 설정되어 있다면 임차인의 보증금으로 해당 대출의 근저당권을 상환 및 말소하고 임차인이 1순위로 전입신고와 점유, 확정일자를 받아서 대항력과 우선변제권을 1순위로 확보한다면 향후 어떠한 사유로 집이 경매로 넘어가도 임차인은 보증금을 비교적 안전하게 지킬 수 있다.

그런데 여기서 많은 사람이 놓치는 것이 있다. 바로 등기부등본의 근저당권이 공동담보로 묶여서 설정된 경우다(이 경우 등기부등본의 '을구'에 '근저당권 설정'이 나오는데 여기에 '공동담보목록 번

173

호', '채권최고액' 등이 표시되어 있다).

예를 들어, 건축주가 20세대짜리 빌라를 지으면서 세대마다 근저당권을 설정(예: 매매 시세 3억 원, 근저당권 2억 원)하지 않고 빌라 20세대를 묶어서 40억 원의 근저당권을 공동담보로 설정하는 것이다.

여기서부터 함정이 시작된다. 실제로는 건축주가 빌라 20세대에 총 40억 원을 대출받았지만 임차인이 계약할 집(예: 303호)의 등기부등본을 발급해보면 근저당권 채권최고액이 (예를 들자면) 10억 원으로 설정되어 있다.

계약할 때 (불법)중개인과 건축주는 임차인에게 "빌라 1채당 매매 시세는 3억 원 정도이고 총 20세대이므로 담보 가치는 60억 원이 넘는 상황에서 대출금액은 10억 원에 불과하니 임차인이 계약할 303호의 전세금 2억 원은 안전하다"라고 말한다.

1채 3억 원×20채=60억 원 〉 대출 10억 원

부동산 지식이 부족한 임차인은 (불법)중개인과 건축주의 설명이 틀린 말은 아니라고 금세 수긍할 것이다. 그런데 이 사례처럼 (불법)중개인과 건축주의 말만 믿고 계약했다가 보증금을 날린 피해 임차인이 실제로 많다.

그렇다면 무엇이 잘못된 것일까? 사실 (불법)중개인과 건축주의 설명은 거짓말이다.

해당 빌라 20세대의 전체 대출금액은 40억 원이고 303호의 등기부등본에는 (불법)중개인과 건축주가 말한 대로 10억 원의 근저당권이 설정되어 있기는 했다.

그런데 실제로 근저당권 10억 원을 공동담보로 묶어놓은 세대는 전체 20세대가 아니라 각층 5세대였던 것이다(1층에 5세대, 총 4층으로 이뤄진 빌라임). 1세대당 2억 원으로 해서 5세대를 근저당권 10억 원의 공동담보로 묶어 놓았다(각층 5세대를 묶어 10억 원씩 공동담보를 설정해 총 40억 원을 대출받음).

이러한 이유로 303호의 등기부등본에는 10억 원의 근저당권만 공동담보로 표시되어 있었다. 그래서 빌라 20세대의 전체 대출 근저당권금액이 10억 원이라는 거짓말에 임차인은 속을 수밖에 없었다.

이후 모든 임차인이 빌라에 입주한 뒤 집주인인 건축주가 은행에 대출금을 갚지 않아 결국 303호를 포함한 빌라 20세대 전체에 경매가 진행됐다. 처음 계약할 때 빌라 1세대당 매매 시세가 3억 원이라는 (불법)중개인과 건축주의 말과 달리 빌라 1세대당 2억 원에 낙찰됐고 임차인은 보증금을 한 푼도 배당받지 못한 채 근저당권 뒤 후순위에 해당해 낙찰자에게 대항력(보증금 요구)을 주장하지 못하고 쫓겨났다. 그렇다면 이러한 보증금 사기 피해를 예방하는 방법은 무엇이 있을까?

등기부등본을 확인할 때 근저당권이 공동담보로 묶여있다면 '공동담보 목록'을 반드시 발급해서 살펴봐야 한다. 방법은 간단하다. 인터넷등기소에서 등기부등본을 발급받을 때 해당 주소를 입력하고 하단에 '공동담보/전세목록'을 체크한 뒤 신청하면 된다.

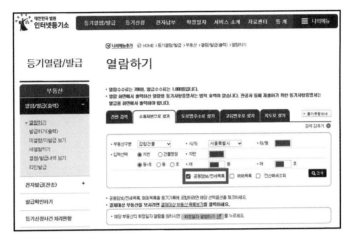

• 출처: 인터넷등기소

이렇게 해서 발급한 등기부등본 뒷장을 보면 '공동담보목록'이 나오고 공동담보로 묶인 집들의 주소와 호실이 표시되어 있다.

계약할 집에 근저당권이 공동담보로 묶여서 설정되어 있다면 공동담보목록까지 발급받은 뒤에 반드시 근저당권금액 총액과 공동담보로 묶인 세대의 매매 시세(실제 가치)를 비교해서 해당 집의 보증금액이 안전한 범위에 들어가는지 분석하는 것이 중요하다.

하지만 일반인이 이런 내용까지 숙지하고 시세를 파악하는 것은 결코 쉽지 않음을 필자도 잘 알고 있다. 물론 근저당권이 없는 집을 찾아서 계약하면 더할 나위 없이 좋겠지만 앞서 말했듯이 신축빌라나 오피스텔 대부분은 1순위로 은행의 근저당권이 설정되어 있고 근저당권이 공동담보로 묶인 경우도 많기 때문에 처음부터 대출 없는 깨끗한 집을 찾기란 실제로 어렵다.

그래서 앞의 사례처럼 계약하려는 집의 등기부등본에 근저당권이 공동담보로 묶여서 설정되어 있다면 임차인의 보증금으로 해당 집에 설정된 대출 근저당권금액을 상환 및 말소하고 임차인이 1순위를 확보해야 한다.

예를 들어, 5세대에 10억 원의 대출 근저당권이 공동담보로 묶여있다면 임차인의 보증금으로 해당 세대의 대출금액을 상환하고 해당 세대를 공동담보목록에서 삭제(말소)하는 것이다.

공동담보목록					
목록번호	2023-				
일련번호	부동산에 관한 권리의 표시	관할등기소명	순위번호	기 타 사 항	
				생성원인	변경/소멸
1	[건물] 주건축물제1동 제1층 제101호	지방법원 등기소	1	2023년 ○○ 등 설정계약으로	2023년 제○○ 일부해지

• 주: 등기부등본에 설정된 권리가 말소될 경우 적색선(삭선)으로 표시됨

이를 대비해 계약서 작성 시 다음과 같은 특약을 기재한다.

> 임차인이 지급할 잔금으로 해당 세대 등기부등본에 설정된 근저당권(공동담보)을 상환 및 말소하고 임차인이 1순위가 되는 조건의 계약이며 잔금 지급 시 해당 은행의 상환 계좌로 지급한다.

가능하다면 계약하기 전에 해당 은행에 직접 방문해서 임차인의 보증금으로 해당 세대의 대출 근저당권(공동담보)을 상환할 경우 말소가 가능한지 담당자와 협의부터 하면 더욱 안전해진다. 추가로 법무사나 변호사 사무실에 근저당권 말소를 의뢰하는 것도 좋다.

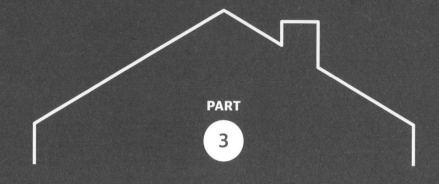

PART

3

집초년생을 위한
전세 사기
예방 가이드

1 장

집초년생,
계약 전에 반드시 확인하라

이번 장부터는 집초년생이 이사 계획을 하고 집을 알아볼 때 주의할 점을 알려주려고 한다.

사소하게 여겨질 수 있으나 좋은 집을 구하는 기술과 노하우가 담겨 있으므로 집초년생이라면 집을 계약하기 전에 반드시 알아야 한다.

01

첫 단추를
잘 끼워야 한다

지금까지는 현장에서 실제로 자주 일어나는 전세 사기유형과 대응방법을 알아봤다. 안타깝게도 이미 벌어진 일을 되돌리기에는 늦은 경우가 많다. 그렇다면 처음부터 이러한 전세 사기에 엮이지 않을 수 없을까?

필자는 집을 알아볼 때 첫 단추부터 잘 끼우는 것이 그 무엇보다 중요하다고 생각한다. 임차인이 집주인과 직거래로 계약하기도 하지만 거의 대부분 공인중개사를 통해 집을 알아본다. 이때 어떤 공인중개사를 만나느냐에 따라 임차인의 보증금이 안전할 수도 있고 그렇지 않을 수도 있다.

사실 공인중개사 대부분은 성실하고 책임감 있게 중개업무에 종사하고 있다. 위험해 보이는 물건은 중개하지 않는다. 공인중개사가 검토했는데 찝찝한 부분이 있는 물건이라면 누가 봐도 안전하지 않은 물건이다.

앞에 나온 사례처럼 매매 시세보다 전세금액이 훨씬 높은 빌라를 임차인에게 소개해 전세 계약을 체결한 공인중개사는 나중에 과도한 전세금액 때문에 문제가 발생할 수 있다는 생각은 하지 못했을까? 알면서도 계약을 진행했든지, 아니면 시세 파악을 제대로 하지 않고 모르고 진행했든지 둘 중 하나일 것이다.

위험성을 알면서도 계약을 진행하는 공인중개사는 사실 많지 않다. 막무가내로 중개했다가는 열심히 공부해서 취득한 자격증이 정지되거나 취소될 수도 있음을 잘 알고 있기 때문이다. 그렇게 되면 실업자가 되는데 이를 알면서도 위험한 계약을 진행하는 공인중개사는 거의 없다. 하지만 모든 사회의 조직 내에는 옳지 못한 행동을 하는 사람이 분명 존재한다. 미꾸라지 한 마리가 온 웅덩이의 물을 흐려놓는다. 그러한 일부 공인중개사 때문에 책임감을 갖고 성실하게 중개업에 종사하는 공인중개사 대부분의 이미지가 실추되고 있는 것 또한 사실이다. 그래서 임차인은 어떤 공인중개사를 만나느냐에 따라 임차인의 보증금이 안전할 수도 있고 위험해질 수도 있다.

위험 요소를 줄이면서 계약해야 한다

그렇다면 처음부터 어떠한 공인중개사를 선택해야 안전한 계약이 될 수 있을까? 사실 100퍼센트 안전한 계약은 없다. 물건

검토부터 계약서 작성, 잔금 지급 후 입주까지의 모든 과정에서 발생할 수 있는 위험 요소를 최대한 줄여야 비교적 안전한 계약이 된다.

임차인이 적당한 시세의 전셋집을 공인중개사를 통해 계약했는데 잔금 날 집주인이 악의적으로 근저당권을 설정할 수도 있고 갑자기 집주인과 채무관계에 있는 채권자에 의해 가압류가 들어올 수도 있다. 현실적으로 공인중개사가 이러한 결과까지 예측하기란 불가능하다. 공인중개사는 집주인에게 물건을 의뢰받고 검토했을 당시에 권리적인 부분 등에서 하자가 없으면 임차인을 구해 계약을 진행하므로 이후 집주인의 악의적인 마음까지 알아채기는 결코 쉽지 않다. 그러므로 100퍼센트 안전한 계약은 없고 계약과정에서 발생할 수 있는 위험을 최대한 줄여주는 공인중개사를 만나는 것이 임차인에게 최선의 방법이다.

처음 집을 알아볼 때 임차인은 불법 중개업자부터 걸러내야 한다. 명함을 받아 정상적인 중개업체인지 조회해봐야 한다. 또한, 집을 보여주고 계약을 진행하는 사람이 공인중개사인지 반드시 확인해야 한다. 계약을 진행하는 사람이 공인중개사가 아니라면 절대로 계약해서는 안 된다. 자격증을 빌려서 운영하는 불법 중개업체일 확률이 크다. 그러한 곳들은 중개 물건의 위험성을 따지지 않고 단시간에 많은 계약을 체결한 뒤 한탕 해 먹고 도망가는 경우가 대부분이다.

공인중개사가 맞는지 확인했다면 그 공인중개사의 성향을 파악하는 것이 중요하다. 계약 건수에 눈이 멀어 위험한 물건을 아무렇지도 않은 듯 중개해주는 공인중개사가 일부 있기 때문이다. 임차인은 전셋집을 알아볼 때 불안한 마음을 가질 수밖에 없다. 깡통전세는 아닌지, 집주인이 나쁜 마음을 먹는 것은 아닌지 등 머릿속에는 온통 걱정으로 가득 차 있다. 이런 임차인의 불안함을 해소해주지 않고 무작정 괜찮다며 계약을 유도하는 공인중개사는 피하는 것이 상책이다.

임차인이 깡통전세 걱정을 한다면 공인중개사는 해당 물건의 전세금액과 주변 물건들의 시세를 비교해줘야 한다. 집주인이 잔금 날에 대출을 받는 건 아닌지 걱정한다면 대처방법을 정확하게 안내하고 계약서를 작성할 때에는 임차인을 위한 특약을 기재하도록 해 임차인의 불안함을 최대한 해소해줘야 한다.

그런데 이러한 임차인의 불안, 걱정은 신경 쓰지도 않고 대안은 제시해주지 않으면서 시세보다 높은 전세금액인데도 무조건 괜찮다며 계속 권유를 한다면 이미 그 공인중개사는 임차인의 보증금 회수문제보다 눈앞에 있는 계약 건수를 올리는 것을 더 중요하게 생각하는지도 모르겠다.

그렇다면 임차인이 첫 단추부터 잘 끼게 해주는 공인중개사는 어떤 사람일까? 필자는 '겁이 많은 공인중개사'라고 말하고 싶다. 공인중개사가 먼저 위험 요소를 줄여주기 때문이다.

집을 알아본 임차인이라면 자기 부동산 사무실에서는 한 달에 수백 건의 임대차 계약을 체결한다면서 뭔가 대단하다는 식으로 과시하는 공인중개사를 본 적이 있을 수 있다. 이런 말을 들으면 정말 일을 잘하는 부동산 사무실이라고 착각해 신뢰를 하는 임차인이 많다.

실제로 부동산 사무실에서 한 달에 수백 건의 계약 진행이 가능할까? 물론 가능할 수 있겠지만 그렇게 된다면 개업(대표)공인중개사의 머릿속에는 과부하가 걸릴 것이다. 계약서 작성과 진행은 개업공인중개사만이 할 수 있는데 하루에 수십 장씩 계약서를 작성하고 진행한다? 무리가 생길 수밖에 없다고 필자는 생각한다.

예를 들어, 빌라 전세 계약 1건을 진행한다고 해보자. 등기부등본, 건축물대장 등 각종 서류를 확인해야 하고 위반건축물에 해당하는 부분은 없는지, 그리고 집주인과 임차인의 계약조건 및 특약 등을 협의해 계약서를 작성해야 한다. 이러한 과정을 정확히 확인하면서 하루에 수십 건의 계약을 진행한다면 과연 임차인의 불안감을 해소해주는 비교적 안전한 계약이 될 수 있을까?

필자는 그렇게 생각하지 않는다. 공장에서 물건을 찍어내듯이 진행되는 계약은 향후 문제가 발생할 확률이 크다. 물건의 시세 검토부터 계약에 관한 중요한 부분들을 공인중개사의 능력으로 고민에 고민을 거듭하며 체결한 계약도 향후 집주인의 문제 등으로 임차인에게 피해가 발생할 수도 있기 때문이다. 이러한 이유로 계약을 많이 한다며 과시하는 공인중개사보다는 임차인의 계약 1건에 집중해줄 수 있는 공인중개사를 만나는 것이 중요하다. 그렇다면 이러한 공인중개사를 어떻게 구별할 수 있을까? 간단하다. 앞에서 말했듯 '겁이 많은 공인중개사'를 찾는 것이다.

현장에서 임차인이 전세보증보험 가입이 가능한 집인지 공인중개사에게 질문했는데 "보증보험에 가입하려면 돈만 많이 들어가고 전입신고와 확정일자를 받으면 무조건 1순위니까 나중에 경매에 넘어가도 보증금 전부를 배당받으니 전혀 걱정할 필요 없어요"라고 말한다면 일단 패스하는 걸 추천한다. 나중에 그 집이 얼마에 낙찰될지 아무도 모르는데 그런 말을 함부로 한다는 것 자체가 임차인의 계약에 집중하지 않을 확률이 크기 때문이다. 물론 전세보증보험 가입은 임대차 계약을 체결한 뒤에 임차인이 직접 신청하지만 처음부터 전세보증보험 가입은 필요 없다는 말은 분명 잘못된 것이다. 정말 전세보증보험을 가입할 필요가 없을 정도로 안전한 집이라서 가입하지 않아도 된다고 한 것인지, 아니면 과도한 전세금액 때문에 보증보험사에서 가입이 거절될 것을 미리 알아서 가입하지 않아도 된다고 하는 것인지는 임차인이 알 수가 없다.

필자가 말한 '겁이 많은 공인중개사'는 겁쟁이를 뜻하는 것이 아니다. 공인중개사인 자신의 과실로 인해 임차인에게 피해가 발생할 수 있는 부분을 미리 확인해서 예방법을 제시해주거나 그 위험성이 크면 계약을 진행하지 않는 공인중개사를 말한다.

사실 집주인이 중개 의뢰한 물건의 가격을 공인중개사가 마음대로 깎을 수는 없다. 그런데 물건이 깡통전세에 해당한다고 판단될 경우 향후 발생할 수 있는 임차인의 보증금 회수문제에 대비해 집주인에게 전세금액의 조정을 요구해서 계약을 진행해주는 공인중개사, 만약 경매가 진행됐을 때 임차인의 보증금보다 먼저 배당받는 당해세가 체납되어 있는지를 확인할 수 있게 국세 및 지방세 완납증명서를 집주인에게 요구하는 꼼꼼한 공인중개사를 선택해야 임차인에게 유리한 계약이 된다. 즉, 집주인의 말에만 의존해서 계약을 진행하는 공인중개사가 아닌, 혹시 자신의 과실로 계약이 잘못될까 고민하며 계약을 진행하는 '겁이 많은' 공인중개사를 만나는 것이 임차인에게 중요하다.

집주인에게 해야 하는 3가지 질문

전셋집을 알아볼 때 공인중개사에게 다음의 3가지 질문을 꼭 해본다(이 질문에 대한 반응, 답을 들으면 임차인은 계약하려는 집이 안전한지를 더 자세히 파악할 수 있다).

첫째, 전세보증보험이 가능한 집인가?

둘째, 집주인이 계약 시 선순위 임차인 보증금 내역(다가구 주택 해당)과 국세 및 지방세 완납증명서를 서류로 보여줄 수 있는가?

셋째, 전세권 설정등기를 해줄 수 있는가?

기본적으로 이 3가지를 물어보고 그 답을 들으면 결정에 큰 도움이 된다. 임차인이 이렇게 질문했는데도 공인중개사가 집주인에게 물을 생각은 하지 않고 걱정할 필요가 없으니 계약부터 유도한다면 '겁이 없는' 공인중개사라고 생각하면 된다.

사실 임차인이 이런 요구를 하면 깐깐하다며 계약을 거부하는 집주인이 많다. 공인중개사도 임차인이 요구한 부분을 확인해주고 싶지만 집주인과의 관계가 틀어져 계약하지 못할 것 같아 많이들 주저한다. 그래도 임차인은 전세금을 지키기 위해 계약 전에 당연히 확인해야 한다.

집주인의 세금 체납 내역은 임대차 계약 체결 후 집주인의 동의 없이도 임차인이 세무서 등에 방문해서 확인할 수 있지만 집주인이 처음부터 임차인의 이러한 요구를 거절한다면 계약하지 않는 것이 현명하다. 집주인이 공개하기 싫은 무언가가 있을 가능성이 있기 때문이다. 사실 임차인이 이런 요구를 하지 않아도 선순위 임차인의 보증금 내역 등에 대해서는 공인중개사가 확인해줘야 하지만 실제 현장에서는 집주인이 정보 공개를 꺼리는 경우가 많다.

집주인도 임차인의 이러한 요구가 깐깐한 게 아니라 당연한 권리 행사라고 인식을 바꿀 필요가 있다. 그렇게 되면 중개사고 발생률은 지금보다 더욱 줄어들 것이라 필자는 생각한다.

02

집을 볼 때
가족, 지인과 동행하라

임차인 대부분, 특히 집초년생은 당연히 집을 보는 노하우가 부족하다. 대부분 광고에 나온 매물을 보고 부동산 사무실에 연락해서 시간 약속을 잡는다. 약속한 시간에 공인중개사는 해당 집을 안내해준다.

그런데 집을 보러 갈 때 혼자 가면 놓치는 부분이 많을 수밖에 없다. 공인중개사는 하루에도 고객을 여러 명 만나 집을 보여준다. 즉, 집을 보여주는 것이 업(業)인 사람이다. 집을 안내해줄 때 그 집의 장점을 잘 포장해서 설명해줄 수밖에 없다. 계약을 체결해야 수수료를 받을 수 있으니 당연히 집의 장점을 어필해야 계약할 확률이 높아지기 때문이다.

반대로 단점은 잘 얘기하지 않을 것이다. 예를 들어, 겨울에 눈이 오면 녹을 때까지 주차장에 차 진입이 어려운 언덕에 있는 집이 있다고 해보자. 그 집을 보러온 임차인에게 굳이 그 점을 설명해주는 공인중개사는 아마도 적을 것이다.

우리가 홈쇼핑을 보면, 상품에 대한 장점만 계속 얘기한다. 그 장점만을 듣고 물건을 구매했는데 사용해보니 생각하지 못한 단점이 있음을 알게 된다. 집을 보여주는 공인중개사도 마찬가지다. 집의 단점보다 장점을 강하게 어필해야만 계약의 확률이 높아지므로 집의 장점을 미리 파악해놓고 임차인에게 논리정연하게 브리핑한다.

이러한 상황에서 집초년생은 집 보는 경험이 부족해 공인중개사의 말을 전적으로 신뢰할 수밖에 없다. 대낮에 집 내부 전등을 전부 켜놓고 해가 잘 드는 집이라고 설명하면 집초년생은 딱히 반박하기가 어렵다. 공인중개사와 단둘이 있는 상황에서 임차인이 전등을 전부 끄고 나침반으로 방향까지 확인해가며 일조량이 좋지 않다고 따지며 어색한 분위기를 만들 수도 없을 것이다.

공인중개사는 임차인보다 집을 봐온 경험이 훨씬 더 많다. 그래서 임차인의 질문에 대처하는 임기응변 능력도 뛰어나다. 임차인의 성향까지 판단해서 그에 알맞은 설명까지 해주면 집초년생의 경우 집을 보기 전에 생각해뒀던 질문은 머릿속에서 이미 사라졌을 것이다.

이렇게까지 되면 미리 생각해뒀던 궁금증들을 다 해소하기도 전에 지금 계약하지 않으면 다른 사람에게 집을 놓칠 수 있다는 공인중개사의 말을 듣고 급히 집주인 계좌로 가계약금을 보내게 된다. 그리고 집으로 돌아가는 차 안에서 미처 확인하지 않은 것들이 막 생각난다. 관리비는 얼마나 나오는지? 전세 대출 이자는 매달 얼마나 납부해야 되는지? 전세보증보험 가입은 가능한지? 집주인의 당해세 등이 체납되어 있진 않은지? 주차장에 주차가 가능한 차는 몇 대인지?

하지만 이미 늦었다. 이미 집주인에게 가계약금을 보냈기 때문이다. 임차인이 계약 진행을 원하지 않으니 가계약금을 돌려주는 집주인은 극히 드물다. 계약 진행 정도의 상태에 따라 집주인에게 소송으로 가계약금 반환을 청구해볼 수는 있으나 그에 따른 시간 소비와 정신적 스트레스가 동반하기에 사실상 청구가 쉽지 않다. 그래서 가계약금 지급에는 신중해야 한다.

내가 못 본 부분을 봐준다

필자는 특히 집초년생이라면 집을 알아볼 때 꼭 가족이나 지인과 동행하라고 추천한다. 필자의 경험으로도 혼자 집을 보러 오는 사람이 여러 명과 함께 집을 보러 오는 사람보다 현장에서 가계약금을 지급하는 경우가 압도적으로 많았다.

생각해보면 이유는 간단하다. 가족이나 지인과 함께 집을 보러 가면 집초년생인 임차인은 혼자 집을 보러 갔을 때보다 마음이 좀 더 편안할 것이다. 공인중개사와 단둘이 어색하게 있는 것보다 내 편인 가족, 지인과 함께 있다면 없던 용기까지 생겨 이것저것 물어볼 것이기 때문이다. 그뿐만 아니라 집을 볼 때도 임차인이 미처 생각하지 못했던 부분을 임차인보다 비교적 경험이 많은 가족, 지인이 옆에서 확인해주니 도움이 많이 된다.

옷가게에 옷을 보러 갔을 때를 생각해보자. 예전에 필자는 옷을 잘 못 입는다는 이야기를 자주 들었다. 그래서 옷을 잘 입는 친구와 함께 옷을 사러 갔다. 옷가게 주인에게 의존하지 않고 같이 간 친구의 조언을 들으며 이 옷, 저 옷을 비교해서 필자에게 어울리는 옷을 선택할 수 있었다. 이러한 이유 때문에 집을 보러 갈 때 가족이나 지인과 동행하라고 추천한다.

물론 그걸 알면서도 사정상 혼자 집을 보러 가는 경우가 있다. 그럴 때는 오직 나만을 위한 공인중개사와 함께 집을 보러 가는 것이 좋다. 나만을 위한 공인중개사를 어떻게 찾을까? 주변에서 소개를 받는 것이 가장 좋은 방법이다. 한 번 검증된 공인중개사를 소개받는 것이므로 좀 더 안전하다고 할 수 있겠다.

또한, 내 조건에 맞는 집을 찾아달라고 공인중개사에게 의뢰하는 것도 하나의 방법이 될 수 있다. 공인중개사 입장에서는 생각하지 못한 계약을 진행할 수 있다는 생각에 더욱 적극적으로 알아볼 것이다.

요즘은 공인중개사들이 지역 공동 중개 시스템을 사용하고 있어서 임차인이 제시한 조건에 맞는 집을 쉽게 찾는다. 조건에 맞는 집이 있으면 그 집을 매물로 갖고 있는 부동산 사무실에 연락해 함께 계약을 진행한다. 현장에서는 공동 중개라고 한다.

집주인이 의뢰한 매물을 갖고 있는 공인중개사와 임차인을 위한 공인중개사가 같이 계약을 진행하니 임차인에게 좀 더 안전한 계약이 될 수 있다.

03

포커페이스를 유지하면서
가격 조정을 요구하라

지금부터 얘기하는 내용 역시 정말 중요하다. 집을 보러 갔을 때 집이 마음에 든다고 공인중개사와 집주인 앞에서 너무 적극적으로 표현하지 않는다.

표현이야 자유지만 공인중개사와 집주인은 임차인의 표정을 단번에 알아내어 계약 진행 확률을 어느 정도 가늠한다. 계약이 체결되어야만 수입이 들어오는 공인중개사는 임차인의 표정에 집중할 수밖에 없다.

부동산 계약은 양 당사자가 협의해야만 진행된다. 매도인과 매수인, 임대인과 임차인의 계약조건이 서로 맞아야만 진행되는 것이다. 예를 들어, 한 아파트가 3억 원 매매로 나왔다. 집주인은 3억 원을 다 받고 싶어 할 것이고, 매수인은 최대한 많이 깎으려고 할 것이다. 이런 상황에서 집을 본 매수인이 집주인 앞에서 집이 마음에 아주 든다는 표현을 한다면? 결론부터 말하면, 집 가격을 많이 깎을 수 없게 된다.

3억 원에 나온 집을 보고 그 금액 그대로 사는 매수인은 거의 없다. 대부분 공인중개사에게 가격 조정을 얘기하는데 적게는 수백에서 많게는 수천까지 요구하기도 한다. 매수인에게 매수 의향 금액을 확인한 공인중개사는 그때부터 매도인과 협상을 시작한다. 이게 보통의 과정이다.

그런데 집을 아주 마음에 들어 하는 매수인을 본 집주인은 계약할 확률이 높아졌음을 알게 될 것이다. 자연스럽게 매매금액을 많이 깎아줄 필요가 없다고 생각하게 된다. 1,000만 원까지 깎아줄 생각이 있었던 집주인은 300만 원만 깎아주면 계약할 것 같은 매수인에게 굳이 속내를 보일 일도 없어졌다. 매수인의 과도한 표현 덕분에 집주인에게는 700만 원으로 온 가족이 해외여행을 다녀올 기회가 생겼다고 할 수 있겠다.

부동산은 정찰제가 아니다

임대인과 임차인의 관계에서도 마찬가지다. 필자는 현장에서 전세나 월세로 나온 집을 백화점이나 마트에서 파는 물건처럼 정찰제로 생각하는 집초년생을 많이 본다. 금액 조정 요구를 하지 않는 것이다.

전세를 찾는 임차인은 어차피 계약 기간이 종료되면 전세금을 그대로 돌려받는다고 생각해 굳이 조정 요구를 하지 않는다. 월세를 찾는 임차인은 전세를 찾는 임차인보다 조정 요구를 더 하지 않는다. 괜히 집주인한테 월세를 깎아 달라고 요구했다가 거절을 당하면 창피하다고 생각하는지 처음부터 조정 요구를 하지 않는 경우가 대부분이다. 그런데 의외로 어느 정도 조정을 생각하고 있는 집주인이 많다.

집주인 대부분은 전세나 월세를 많이 받고 싶어 한다. 당연하다. 돈을 싫어하는 사람은 없으니 말이다. 하지만 사정상 돈이 급한 집주인도 분명 존재한다.

(예를 들어) 기존 전세 세입자가 계약 만료로 나간다고 하면 집주인은 새로운 전세 세입자를 구한다. 새로운 전세 세입자에게 전세금을 받아 기존 전세 세입자에게 주기 위해서다. 그런데 새로운 전세 세입자가 잘 구해지지 않으면 집주인은 초초해진다. 이런 집을 전세로 계약할 예정이라면 집주인에게 전세금 조정을 요구하는 것이 현명하다. 새로운 전세 세입자가 잘 구해지지 않는 이유는 매매 가격과 전세 가격이 하락하는 상황이기 때문이다. 이런 상황에서 기존 전세 세입자의 전세금액 그대로 들어가면 나중에 계약이 만료된 후에 전세금을 돌려받는 데 차질이 생길 수 있다.

월세를 찾는 임차인도 집주인에게 월세 조정을 한번 요구해본다. 의외로 흔쾌히 승낙하는 집주인을 현장에서 많이 봤다. 무작정 월세를 깎아달라고 하면 집주인이 불쾌해할 수 있으니 불쌍한 척을 하면서 최대한 정중하게 해야 한다. 자신이 어디에 아파트가 있는데 사정상 잠깐 산다 등의 말은 꺼내지 않는 것이 좋다. 아파트까지 있는 임차인에게 월세를 깎아주는 집주인은 거의 없다. 게다가 잠깐 거주한다는 임차인은 집주인 입장에서는 반갑지 않은 존재다. 임차인이 계약 기간을 채우지 않고 단기간에 나가면 집주인은 다시 새로운 임차인과 계약을 해야 하는 번거로움이 생기기 때문이다.

말 한마디로 천 냥 빚을 갚는다고 했다. 공인중개사를 통해 집주인에게 최대한 정중하게 문자 한 통을 넣는 것을 추천한다.

안녕하세요, 오늘 집을 보고 온 젊은 청년입니다. 집주인분 연락처를 몰라 실례를 무릅쓰고 공인중개사께 부탁해서 보내게 됐습니다. 제가 이사를 가야 하는 상황에서 여러 곳의 집을 알아보는 중에 제 직장과도 가깝고 제가 원하는 집과 딱 맞는 집이라 생각되어 꼭 이 집으로 이사를 하고 싶었습니다. 그런데 좋지 않은 형편이라 사실 지금 많은 고민에 빠지게 됐습니다. 정말 죄송스러운 말씀이지만 월세를 조금만 내려주신다면 꼭 이 집으로 이사하고 싶습니다. 허락해주신다면 계약 기간 동안 정말 깨끗하게 잘 사용하겠습니다.

신기하게도 공인중개사를 통해 이러한 문자를 받은 집주인은 월세를 내려줄 확률이 크다. 안 되면 어쩔 수 없지만 집주인이 흔쾌히 승낙해주면 임차인은 한 번의 창피함으로 한 달에 치킨 몇 마리 값은 벌 수 있게 된다.

여기서 포인트는 최대한 정중하게, 그리고 살짝 측은해 보이는 감정이 가미되어야 집주인의 마음을 움직이는 데 효과적이라는 것이다. 이렇듯 집을 본 매수인이나 임차인의 표현방식에 따라 금액은 달라질 수 있다.

공인중개사는 전셋집도 만들어 낸다

또한, 집을 알아볼 때 공인중개사에게도 정중하게 대할 것을 추천한다. 공인중개사도 똑같은 사람이다. 손님이 어떻게 하느냐에 따라 공인중개사의 대응방식도 달라진다. 불쾌한 말투로 무리한 요구를 하는 손님에게는 더 좋은 조건을 만들어주고 싶지 않다.

사실 계약에 있어 공인중개사의 영향력은 적지 않다. 계약이 어느 정도 진행되어 가는 과정에서 양쪽 계약 당사자들이 추가로 요구하는 부분이 있다면 공인중개사가 개입해 협의하거나 중재해줘야 한다. 그런데 언성을 높이거나 다툼을 유발하는 어투로 공인중개사를 대한다면 좋은 결과를 도출해 내기는 어렵다. 계약할 때 자신에게 큰 손해가 발생하지 않는 한, 계약 상대방, 공인중개사와 원만한 관계를 유지해야 유리한 계약을 할 수 있다.

집을 알아볼 때 원하는 지역이 있다면 그 지역에 있는 부동산 사무실에 직접 방문해서 공인중개사와 어느 정도 유대관계를 형성하면 좋다. 공인중개사는 전화 통화만 했던 손님보다는 직접 사무실에 방문해서 여러 번 얘기를 나눴던 손님을 더 기억하고 신경 쓰게 된다.

새로 전셋집을 구해야 하는데 지역 부동산 사무실에 아무리 전화를 해봐도 조건에 맞는 전세 물건을 찾을 수 없다면 임차인은 많이 답답할 것이다. 이때 부동산 사무실 한곳에 여러 번 방문해서 사정을 말하고 정중하게 부탁한다면 공인중개사는 주변에 집을 매매로 내놓은 집주인들에게 전세로 돌려줄 것을 권유해보기도 한다. 공인중개사가 주변 집주인들을 많이 알고 있기에 가능한데 실제로도 매매에서 전세로 바꿔 계약하는 사례가 많다. 공인중개사가 전셋집을 만들어 낸 것이다.

이렇듯 부동산 사무실에 전화만 하는 것보다 직접 여러 번 방문해서 공인중개사와 좋은 관계를 만들어놓으면 좋다. 향후 어떠한 문제가 발생했을 때도 공인중개사가 대처방안을 제시해주거나 당사자에게 도움이 될 수 있기 때문이다.

04

싼 집엔 분명
이유가 있다

집을 알아볼 때 인터넷 광고에서 가끔 주변 시세보다 많이 저렴하게 나온 집을 볼 수 있다. 집주인이라면 당연히 높은 금액에 매매하거나 전세 세입자를 구하고 싶을 텐데 왜 시세보다 확연히 저렴하게 내놓았을까? 여러 이유가 있다.

대표적으로 집주인의 재정 상태가 좋지 않은 경우다. 시세보다 저렴하게 내놓으면 빨리 거래가 된다. 집주인에게는 빨리 돈이 들어온다는 말이다. 그래서 돈이 급하게 필요한 집주인은 금액을 낮춰서 내놓는다.

(예를 들어) 집주인이 직장 발령, 자녀 학교 등의 문제로 기존 집을 팔고 이사하려면 보통 2가지 과정 중 하나를 거친다. 먼저 기존 집에 대해 매매 계약을 하고 받은 계약금으로 이사 갈 집의

계약금을 지급한다. 대부분 이 과정을 거친다. 기존 집에서 받은 매매대금으로 새로 이사 갈 집의 매매대금을 지급하는 것이니 이사 갈 집의 매매금액이 더 높으면 그 차액분만 마련하면 된다. 기존 집이 늦게 팔리면 이사가 그만큼 늦어지므로 기존 집을 매매할 때 잔금 날을 최대한 늦게 지정해서 계약 이후부터 잔금 날까지 남아 있는 시간 동안 여유 있게 이사 갈 집을 구할 수 있다. 대부분 이 과정을 선호한다.

또 하나는, 이사 갈 집을 먼저 계약하고 잔금을 주는 날 전까지 기존 집을 파는 것이다. 이사 가려는 지역의 집 가격이 상승하고 있는 상황이라면 미리 계약부터 하는 경우가 많다. 그런데 이때 문제가 자주 발생한다.

이사 갈 집은 덜컥 계약했는데 기존 집이 팔리지 않으면 잔금을 마련하기가 힘들어진다. 여유자금이 있으면 걱정할 필요가 없겠지만 대부분 기존 집이 자산 전부이므로 큰돈을 마련하는 데 어려울 수밖에 없다. 이렇게 되면 집주인은 기존 집의 가격을 최대한 내려서라도 팔아야 한다. 그렇게라도 하지 않으면 이사 갈 집에 지급한 계약금도 날리고 계획한 모든 일정이 틀어질 수밖에 없다. 급매, 초급매가 이렇게 생겨난다. 이러한 집을 시세보다 훨씬 저렴한 초급매로 산다면 매수인 입장에서는 큰 행운을 잡은 것이다. 그런데 가끔은 초급매가 매수인에게 행운이 아닐 수도 있다.

이사 갈 집의 매매대금을 지급하기 위한 사정 등이 있어서 초급매라고 하는데 집주인의 다른 속사정이 있는 초급매 물건도 있다. 실제로 필자가 경험한 일이다.

초급매의 진짜 이유

수년 전, 급하게 아파트를 팔고 싶다는 한 집주인으로부터 전화를 받았다. 당시에는 부동산 거래가 활발하게 진행되고 있어서 시세와 비교해 적절한 금액으로 내놓으면 매매까지 그리 오랜 시간이 걸리지 않았다.

그런데 필자에게 전화한 집주인이라는 사람이 조금 이상했다. 시세를 설명해줬는데도 그 시세보다 3,000만 원이나 낮게 매매를 진행해달라는 것이 아닌가! 시간을 갖고 좀 더 기다리면 더 좋은 가격으로 매매할 수 있을 텐데 왜 시세보다 훨씬 싸게 내놓는지 그 이유를 물어봤다. 집주인은 그냥 개인 사정 때문이니 최대한 빨리 정리를 부탁한다는 말 외에는 다른 말은 하지 않았다. 집 현관 비밀번호를 문자로 바로 보내주기도 했다. 여러 부동산 사무실에 집을 내놓은 듯했다.

마침 그 당시에 해당 아파트를 매수하려고 필자와 여러 물건을 비교하면서 고민 중이던 한 고객이 있었다. 곧장 그 고객에게 급매 물건 소식을 알렸다.

부동산 시장이 좋을 때는 급매 물건이 나오면 몇 시간도 안 되어 가계약이 진행되므로 다른 부동산 사무실이 먼저 계약할 수도 있겠다는 생각에 서둘러 그 고객과 함께 집 내부를 확인하기 위해 해당 아파트에 방문했다.

아무도 살지 않는 공실 상태였다. 안에 들어가 보니 주방 싱크대, 붙박이장, 욕실, 현관의 중문까지 유명 브랜드 제품으로 리모델링이 되어 있었다. 시공한 지도 얼마 되지 않아 보여 청소만 잘하면 거의 새집이라고 해도 믿을 정도였다. 해당 아파트는 연식이 좀 되어서 처음 분양했을 때 상태인 다른 집들보다 집 내부가 월등히 좋았다. 층수도 사람들이 선호하는 중간층 정도였고 앞이 트여 있는 동이라 전망도 괜찮았다. 흔히 말하는 로열동에 로열층이었다.

시세대로 내놓아도 다른 물건들보다 가장 먼저 거래가 될 만한 집이었다. 아니, 시세보다 좀 더 높게 내놓아도 금방 거래가 될 것 같았다. 이런 집을 시세보다 3,000만 원이나 싸게 내놓다니 내 고객이 이 집을 산다면 큰 행운을 잡는 것처럼 보였다.

그런데 집 곳곳을 둘러보다가 이상한 부분을 발견했다. 가전제품이나 가구 같은 큰 짐들은 전부 빠져 있었지만 옷가지와 작은 짐들이 방구석에 널브러져 있었다. 세탁실 구석에는 작은 깡통에 무언가를 넣고 태운 흔적이 빈 소주병과 함께 놓여 있었다.

보통 아파트 내부에서는 화재 위험 때문에 불을 붙이지 않는데 태운 흔적이 있다니 조금 이상하다는 생각이 들었다. 깡통을 자세히 보니 전부 타지 않은 상태로 여러 장의 사진이 남아 있었다. 그 사진을 보는 순간 분명 무엇인가 이상하다는 확신이 들었고 곧장 사무실로 돌아가 그 집의 등기부등본을 확인해봤다.

그 집에는 제1 금융인 은행권의 대출부터 고금리 대부업체의 대출까지 여러 건의 근저당권이 설정되어 있었고 그 금액을 대충 계산해보니 집주인이 급매로 제시한 금액과 비슷했다. 매월 나가는 대출 이자만 해도 상당해 보였다.

그보다 더 이상한 점이 있었다. 집을 내놓기 며칠 전에 집주인 명의로 소유권이 이전됐는데 등기부등본에 기재된 등기 원인이 '매매'가 아닌 '상속'이었다. 상속이라면 해당 집을 소유하고 있던 사람이 사망하면서 가족관계에 있는 사람에게 소유권이 이전됐다는 말이다.

주변에 확인해보니, 원래 소유자가 그 집 안에서 좋지 않은 사건으로 고인이 됐고 배우자에게 상속이 됐다는 이야기를 들을 수 있었다. 집을 같이 봤던 고객에게 내막을 알려줬다. 더는 계약을 진행할 수 없었다.

사람은 누구나 죽음을 맞이한다. 노환이나 병으로 집에서 고인이 되어 상속 등기가 된 집도 많다. 하지만 좋지 않은 일, 사회 통념상 흉사로 여겨지는 일이 집에서 발생했다면 이는 부동산 거래에서 중요한 부분에 해당한다. 매수인에게 고지할 의무가 있고 만약 집주인이 이 사실을 숨겼다면 매수인은 계약을 취소할 수도 있다. 당연하다. 좋지 않은 일이 발생한 집에서 가족들과 함께 사는 걸 원하는 사람은 없기 때문이다.

내막을 알게 된 필자는 집주인에게 확인을 위해 전화를 걸었다. 늦었지만 그래도 그 사실을 필자에게 알려주길 바라는 마음에 직설적으로 묻지는 않았다. 집을 매매하려면 매수인에게 상속 사유를 고지해줘야 하니 최근에 상속된 이유가 무엇인지 조심스레 물었다. 그런데 집주인은 교통사고가 이유라고 답했다.

집주인의 마음은 어느 정도 이해됐지만 더는 깊게 물어볼 수 없었고 필자는 그 집에 대한 중개를 포기했다. 집주인은 그 사실을 공개하고 싶지 않았겠지만 필자는 알면서도 계약을 진행할 수는 없었기 때문이다.

그 집은 이후 1년 가까이 매매가 되지 않았다. 집주인이 아무리 그 사실을 숨긴다고 해도 금방 소문이 날 수밖에 없으므로 매수인을 찾기가 어려울 것이다. 결국 그 집은 갭투자자가 처음보다 저렴한 금액으로 매수해서 전세 세입자를 들였다고 한다. 필자의 예상이지만 아마도 임차인은 정확한 사실을 모르고 전세 계약을 했을 것이다. 그러한 사실을 알고도 계약을 하는 사람이 과연 있을까? 물론 새로운 집주인이 임차인에게 해당 집의 사연을 고지하면서 시세보다 현저하게 낮은 전세금액을 제시해 계약이 성사됐을 수도 있다.

이렇듯 매수인이나 임차인이 집을 알아볼 때 시세보다 많이 저렴한 금액이라면 과거 집의 소유권 변동 내역을 꼭 확인해 봐야 한다.

하자가 있는지 확인한다

또한, 하자가 있는 집이 저렴하게 매물로 나오는 경우도 많다. 누수가 심하거나 균열이 심한데 집주인이 이러한 사실을 숨기고 최소한의 비용으로 눈 가리기식 수리만 하고 집을 내놓기도 한다. 이런 집은 하자가 다시 발생할 수밖에 없다. 저렴하다고 매수하거나 전세 또는 월세로 들어갔다가는 사는 동안 정신적 스트레스를 심하게 받을 수 있으니 주의한다. 그래서 계약하기 전에 집에 대한 하자를 반드시 확인해야 한다. 만약 집에 사람이 사는 상태라면 가구 등에 가려 벽면 쪽의 누수부분을 확인하기가 어렵다. 관리사무소에 방문 또는 전화로 해당 세대에서 누수나 하자부분 때문에 의뢰한 적이 있었는지 문의해본다.

집을 샀는데 이후 하자가 발생하면 매수인은 기존 집주인에게 하자 담보책임을 물을 수 있으나 법정 공방으로 이어지기도 하니 계약 전에 하자 유무를 반드시 확인한다.

전세나 월세로 살 때도 누수 등 중대한 하자를 발견했다면 집주인은 수리를 해줘야 한다. 집주인이 수리를 거부하면 임차인은 계약을 해지할 수 있다. 그렇다고 안심하면 안 된다. 이미 들어가 살고 있는 상황에서 다른 곳으로 다시 이사를 하는 것도 보통 일은 아니다. 설령 이사해도 생각하지 못한 비용을 추가로 지출할 수밖에 없고 집주인에게 청구해봤자 대부분 거절해서 분쟁이 생긴다. 또한, 하자가 있는 집에 새로운 임차인을 구하는 것이 쉽지 않다. 이렇게 되면 기존 임차인의 보증금 반환에 차질이 생길 수 있다.

실제로 하자가 있는 집일수록 매매나 전세 가격이 저렴하게 많이 나오므로 집을 알아볼 때 하자부분을 면밀하게 확인해서 향후 발생할 문제를 어느 정도 예방하는 것이 중요하다.

05

가계약 문자를
가볍게 보지 마라

임차인이 집을 알아보다가 마음에 드는 집을 찾았다면 집주인과 정식으로 계약서를 작성하는데 그 전에 흔히 가계약을 먼저 진행하기도 한다. 가계약은 정식 계약서에 서명을 하기 전, 공인중개사가 중간에서 계약에 관한 중요한 부분을 협의해 집주인과 임차인에게 문자나 메신저 등으로 보내주면서 진행한다.

보통 임차인이 마음에 드는 집을 놓칠까 봐 선점하기 위해 가계약을 진행하는데 집주인과 공인중개사 입장에서도 가계약은 이점이 있다.

집주인과 임차인이 가계약은 하지 않고 부동산 사무실에서 직접 만나 계약서를 작성하기로 했는데 서로 시간이 맞지 않아 며칠 뒤에 하기로 했다고 해보자. 그런데 그사이에 임차인이 다른 집을 보고 마음이 변심해 계약하지 않기로 하면 집주인은 난 감해진다. 그동안 다른 사람에게 매물을 보여주지 않아서 다른 임차인과의 계약 가능성이 사라진 공인중개사도 난감하긴 마찬가지다. 이러한 상황을 대비해 공인중개사가 정식 계약서를 작성하기 전에 임차인이 집주인에게 계약금 일부를 먼저 지급하게 해서 가계약을 진행한다.

또한, 가계약의 과정을 통해 집주인과 임차인이 미리 계약조건 등을 문자 등으로 확인하면 정식 계약서를 다툼없이 수월하게 작성할 수 있다. 실제로 계약서를 작성하기 위해 집주인과 임차인이 처음 만났는데 각자의 조건을 무리하게 요구하다가 언쟁이 발생해 계약이 안 되는 경우가 많다. 이런 경우를 가계약을 통해 많이 정리할 수 있다.

가계약을 무시하지 말라

가계약이라고 해서 효력이 없지 않다. 계약의 중요한 내용이 되는 계약 부동산의 주소, 매매금액 또는 전세 보증금이나 월세 금액, 계약금 및 중도금, 잔금 지급일자, 조건 등 계약 당사자 간 협의한 사항이 구체적으로 기재된 문자 등을 집주인과 임차인이 받고 동의했다면 계약은 유효하게 성립된다고 볼 수 있다.

가계약금은 정해진 기준이 없다. 통상 100~500만 원, 또는 계약금의 10% 정도에서 서로 협의해 지급한다. 또한, 계약서를 작성할 때의 계약금은 매매금액이나 전세금액의 10% 정도 지급이 관례로 여겨지고 있는데 정해진 기준은 없다. 계약 당사자끼리 약정사항으로 5%로 정할 수도 있다. 중도금도 마찬가지다. 계약 후 잔금 사이에 중도금을 지급하기로 약정했다면 지급하면 되고 약정이 없었다면 지급하지 않아도 된다.

다음은 실제로 정식 계약서를 작성하기 전에 부동산 사무실에서 흔히 거래 계약의 양 당사자에게 발송하는 가계약 문자의 내용이다. 정해진 양식은 없으며 상황에 따라 공인중개사가 조건 등을 추가해 작성한다.

임대차(전세) 계약

- **부동산 표시** : 서울시 ○○구 ○○동 ○○번지 ○○빌라 A동 201호(전용면적 50㎡)
- **전세 보증금** : 2억 원
- **계약 기간** : 잔금일로부터 2년
- **계약금** : 2천만 원(2023년 7월 1일 계약서 작성 시 계좌 지급)
- **잔금** : 1억 8천만 원(2023년 8월 1일 계좌 지급)
- **조건** : ① 잔금 시 근저당권 등 임차인에게 불리한 기타권리 없이 임차인이 대항력 있는 1순위가 되는 조건임.
  ② 임대인은 임차인이 전세권 설정하는 것에 동의하며 잔금 시 전세권 설정에 필요한 서류를 교부해주기로 함.
  ③ 계약서 작성 전 임차인의 사정으로 계약을 파기하는 경우 임차인은 임대인에게 지급한 계약금은 포기하기로 하며, 임대인의 사정으로 계약을 파기하는 경우 지급받은 계약금의 배액을 임차인에게 상환하기로 하고 임대인과 임차인의 계약은 공평하게 종료되며 상대방에게 약정한 계약금을 추가로 요구할 수 없음.
  ④ 계약서 작성 전 계약금 중 일부로 지급하기로 한 금액은 2백만 원이며 금일까지 임대인 계좌로 입금하기로 함.

  ※위 내용에 동의하시면 아래 계좌로 입금 부탁드립니다.
  - 임대인 계좌 : ○○은행 ○○○-○○○○-○○○ 집주인

이렇게 계약에 관한 중요한 내용이 구체적으로 기재된 문자를 받고 흔히 말하는 가계약금을 지급했다면 계약은 유효하게 성립된 것이다.

앞에서 말한 가계약 문자의 내용에서 다시 한번 강조하고 싶은 부분이 있다. 앞의 내용처럼 임차인이 집주인에게 가계약금 200만 원을 지급했는데 마음이 바뀌었다며 집주인에게 이미 지급한 가계약금을 반환해 달라고 요구할 수 없다. 반환을 요구하는 임차인을 사전에 차단하기 위해서 집주인은 임차인의 사정으로 본 계약 진행이 어려우면 지급한 금액은 포기한다는 내용을 꼭 넣는다.

반대로 집주인의 마음이 바뀌어 이후 계약 진행을 거부한다면 집주인은 지급받은 200만 원이 아니라 그 배액(2배)인 400만 원을 임차인에게 반환해야 한다. 그런데 이를 거부하는 집주인이 있으므로 마찬가지로 임차인은 임대인의 사정으로 본 계약 진행이 어려우면 지급받은 금액의 배액을 임차인에게 상환한다는 내용을 명시하면 좀 더 확실한 계약이 될 수 있다.

06

보증금이 적은
반전세를 조심하라

다들 아시다시피 전세의 경우 월세를 지급하지 않기 때문에 매월 나가는 돈(월세)의 부담은 없지만 고액 보증금을 지급하므로 그에 따른 리스크가 있다. 반면, 월세는 보증금을 적게 지급하기 때문에 보증금 반환에 대한 리스크는 적지만 매월 나가는 돈에 대한 부담이 클 수밖에 없다.

그래서 요즘은 전세와 월세의 단점을 최소화해주는 반전세를 많이 선호한다. 그렇다고 100% 안심된다고 하기도 어렵다. 반전세 계약을 했는데도 보증금을 돌려받지 못하는 경우가 자주 있어서다. 이제부터 반전세를 계약할 때 주의할 점을 알아보겠다.

예를 들어, 다음과 같은 3가지 조건 중에서 하나를 선택할 수 있는 빌라가 있다고 해보자.

① 전세 _ 보증금 2억 원

② 반전세 _ 보증금 1억 원, 월세 50만 원

③ 월세 _ 보증금 3천만 원, 월세 100만 원

많은 사람이 부담되는 월세보다는 전세나 반전세로 고민할
것이다. 그런데 대부분 전세를 선택할 경우 전세 대출을 받는
다. 만약 내가 보유한 현금이 1억 원이라면 전세 대출 1억 원을
받아서 전세(①)를 선택할 수 있다. 전세 대출 이자율이 4%라면
매월 대출 이자로 33만 원 정도 나간다. 반전세(②)로 계약했을
때 나가는 월세 50만 원보다 17만 원 정도를 매달 아낄 수 있다.
그래서 전세로 들어가는 사람이 많다고 생각하겠지만 요즘 깡
통전세, 역전세 뉴스 때문에 반전세를 선택하는 비중이 점점 늘
어나고 있다.

전세로 계약하면 향후 깡통전세, 역전세 등의 위험이 발생할
수 있으나 대부분 임차인의 전세금으로 선순위의 근저당권을 상
환 및 말소한 뒤 입주하므로 임차인이 1순위가 된다(전입신고, 점
유, 확정일자를 받아서 대항력을 취득하고 우선변제권도 1순위로 확보).

요즘 반전세로 나온 물건들을 보면 선순위로 이미 근저당권
(은행 대출)이 설정된 경우가 대부분이다. 이렇게 선순위로 근저
당권이 있는 상태에서 임차인이 계약하고 전입신고, 점유, 확정
일자를 받아도 임차인은 근저당권보다 후순위이기 때문에 향
후 경매로 넘어가면 낙찰자에게 보증금을 요구할 수 있는 대항

력도 없고 임차인의 우선변제권이 근저당권보다 후순위로 밀려 보증금을 손해 볼 확률이 높아지게 된다.

<table>
<tr><td>

전세
↓
선순위 근저당 ×
임차인 1순위
대항력 있음
우선변제권 1순위

</td><td>

반전세
↓
선순위 근저당 ○
임차인 후순위
대항력 없음
우선변제권 후순위

</td></tr>
</table>

다음과 같은 이야기를 들어봤을 것이다.

> 선순위 근저당권 채권액과 임차인 보증금의 합계가 최대 80%를 넘으면 위험하다.

물론 근저당권 등 선순위 채권액과 계약하려는 임차인의 보증금 합계가 낮을수록 좋다. 그런데 집주인이나 잘못된 생각을 하는 일부 중개인들이 이 합계가 매매가에 못 미치니까 괜찮다면서 임차인을 안심시키고 계약을 유도하기도 하는데 여기에 넘어가면 안 된다. 이때 집의 매매 시세를 부풀려서 얘기하면 임차인은 더 안심하고 그들의 계략에 넘어갈 수밖에 없다.

(예를 들어) 임차인이 계약할 때 들었던 빌라 시세가 2억 5,000만 원이었다면? 사실 이 금액은 집주인이 높게 부르는 호가일

확률이 높고 진짜 실거래 시세는 2억 5,000만 원 이하일 것이다. 이런 상황에서 임차인 보증금이 1억 원이라면 선순위 근저당권 채권액이 얼마냐에 따라서 임차인 보증금이 안전해질 확률은 달라진다.

만약 선순위 근저당권이 1억 원인 상황에서 임차인 보증금 1억 원이 더해지면 2억 원이 된다. 계약 당시에 빌라 시세가 2억 5,000만 원 정도였다고 하니 80%면 2억 원, 선순위 채권액과 보증금 합계 2억 원과 얼추 비슷하니(80%를 넘지 않으니) 안전하다고 생각할 수 있다. 그런데 임차인이 보증금 손해를 볼 수도 있다. 이 상황에서 집이 경매로 넘어가면 어떻게 될까?

계약 당시 집주인 등이 말했던 2억 5,000만 원은 실제 시세가 아니라 말 그대로 호가였고 실제로는 그보다 아래인 2억 원 초반 정도에 매매가 이뤄지고 있었다면 경매가 진행됐을 때 당연히 시세보다 낮게 낙찰될 수밖에 없다.

실제 시세가 2억 원 정도인 상태에서 경매가 진행되어 1억 8,000만 원에 낙찰됐다면 선순위 근저당권 1억 원이 먼저 배당받고 후순위인 임차인이 전입신고와 점유, 확정일자를 받아서 발생한 우선변제권으로 나머지 금액을 배당받을 수 있다. 그런데 여기서 빠진 것이 있다. 경매에 들어가는 비용과 임차인보다 앞선 당해세다.

경매가 진행됐을 때 근저당권, 전세권, 임차인의 우선변제권보다 먼저 배당받는 권리들이 있는데 대부분 경매비용과 당해세, 이 2가지가 임차인의 보증금을 위협한다.

경매비용과 당해세가 1,000만 원이라고 해보자. 낙찰대금 1억 8,000만 원에서 먼저 1,000만 원이 경매비용과 당해세로 배당되고 선순위 근저당권자가 1억 원을 배당받은 다음, 나머지 7,000만 원을 임차인이 배당받는다. 임차인은 근저당권 뒤에 있는 후순위라서 대항력이 없으므로 임차인의 권리는 소멸한다. 결국 임차인은 보증금 1억 원 중에 3,000만 원을 손해 보고 나가게 된다.

1. 1억 8천만 원 낙찰

2. 경매비용, 당해세 1천만 원 → 1천만 원 배당

3. 근저당권 1억 원 → 1억 원 배당

4. 임차인 보증금 1억 원 → 7천만 원 배당

만약 임차인이 근저당권이 없는 상태에서 1순위로 전입신고와 점유(이사)를 해서 대항력을 취득하고 확정일자까지 받아 1순위로 우선변제권을 확보했다면 낙찰대금에서 당해세 등을 제외한 나머지 금액에서 보증금을 전액 배당받을 수 있다. 혹시라도 금액 일부를 배당받지 못했다면 낙찰자에게 대항력을 주장해서 나머지 보증금을 요구할 수 있다.

앞에 나온 사례에서는 그렇지 못해 후순위 임차인에 해당되어 보증금 일부를 손해 본 것이다. 그래서 이 대항력과 우선변제권이 임차인에게는 무엇보다 중요하다.

임차인이 전세나 반전세 같은 고액 보증금을 지급하는 임대차 계약을 할 경우 반드시 임차인의 대항력 발생 여부를 확인해야 한다. 계약할 때 등기부등본에 나보다 앞서서 선순위로 근저당권, 압류, 가압류, 담보가등기 등이 있다면 (이것들을 경매에서 '말소기준권리'라고 하는데) 이러한 권리가 있는 집에 임차인이 후순위로 들어가면 대항력이 발생하지 않는다. 말소기준권리를 전부 외울 필요는 없다. 우리가 자주 보게 되는 근저당권이 등기부등본에 설정되어 있다면 주의해야 한다.

좀 더 이해할 수 있게 말하자면, 전세 또는 반전세 계약을 할 때 등기부등본의 선순위 근저당권 등 채권액과 임차인의 보증금 합계가 집주인이 부르는 시세 호가의 80%를 초과하면 위험하다는 생각은 하지 말고 계약할 집에 '나보다 앞서 있는 선순위 근저당권이 있다면 임차인의 대항력이 없어서 위험하다'라고 기억하면 편할 것이다.

07

계약 전
'깜깜이 관리비'를 확인하라

일정 규모 이상의 세대수로 구성된 아파트 같은 곳에서는 관리 주체(관리사무소)에서 매월 각 세대의 관리비를 정확하게 산정해 부과한다. 그래서 관리비 내역을 비교적 투명하게 확인할 수 있다. 하지만 세대수가 적은 빌라, 오피스텔, 다가구주택(원룸) 등은 관리 주체가 없는 경우가 대부분이다. 그로 인해 임차인과 임대인 간의 관리비 분쟁이 자주 발생한다.

인터넷 매물 광고에는 보증금 1천만 원에 월세 50만 원으로 나와 있었지만, 실제로 계약서를 작성할 때 집주인이 매월 관리비 10만 원을 추가로 요구하는 경우도 꽤 있다. 또 계약 시 정확한 관리비를 언급하지 않고 계약서 특약으로 '관리비 별도'라고 표시하는 경우도 있으므로 주의해야 한다. 임차인 입장에서는 보증금 1천만 원에 월세 50만 원이라는 조건으로 계약했기 때문에 월세 이외에 별도로 관리비가 부과될 것이라고는 상상도 하지 못했을 것이다. 하지만 현실에선 적게는 5만 원에서 많게는 20만 원까지 관리비가 부과되는 경우가 자주 있다.

물론 전기세, 수도세, 난방비는 실제 사용량(계량기)만큼만 납부하면 된다. 문제가 되는 것은 집주인이 청구하는 '공용 관리비'이다. 아파트의 공용 관리비에는 경비비 등의 직원 급여, 보험료, 청소비 등이 포함되지만 소형 빌라, 오피스텔, 원룸 등에서는 실제로 공용 관리비로 지출되는 내역이 거의 없음에도 임차인에게 과도한 금액을 청구하고 있다.

실제로 필자의 지인이 작은 원룸에 월세 50만 원으로 입주했는데, 집주인이 공용 관리비 명목으로 10만 원을 요구해 분쟁이 일었다. 지인은 집주인에게 공용 관리비로 지출된 내역을 요구했다. 그러자 집주인은 청소비, 주차비, 음식물처리비, 입구와 복도의 공용 전기료, 승강기 이용료, 인터넷 사용료 등의 항목을 대며 공용 관리비 부과는 정당하다며 큰소리를 쳤고, 계약서 특약에도 '관리비 별도'라고 기재되어 있으므로 문제가 없다고 주장했다.

하지만 필자는 잘 알고 있다. 예를 들어 약 15가구 정도 되는 다가구주택을 외부 청소업체에 의뢰해서 입구와 복도 청소를 주 1회 할 경우 매월 약 20만 원 정도가 지출된다. 청소업체에 의뢰하지 않고 집주인이 직접 청소를 한다면 청소비는 지출

되지 않을 것이다. 또한 대부분의 건물 1층(필로티 구조)은 주차장으로 사용하므로 매월 집주인이 별도로 부담하는 비용은 발생하지 않는다. 인터넷 사용료의 경우, 통신사에 따라 금액은 다르지만 건물 전체를 묶어서 약정을 하기 때문에 매월 20만 원 정도라고 보면 된다.

이렇게 비용을 전부 합해도 매월 임차인들이 내는 공용 관리비보다는 훨씬 적게 드는 것이 현실이다. 집주인에게는 월세 이외의 짭짤한 수입원이 되는 것이다. 물론 그렇지 않은 집주인도 많겠지만 실제로 이러한 꼼수를 부리는 집주인도 적지 않다.

비교적 월세가 저렴해 보이도록 하기 위해 계약서에 '관리비 별도'를 표시한 뒤 임차인에게 과도한 관리비를 청구하는 것을 예방하기 위해 계약 시 다음과 같은 특약을 넣는 것을 추천한다.

> 특약) 임차인이 납부해야 할 월정액 관리비(청소, 승강기 사용, 공용 전기, 수도, 인터넷TV 포함)는 5만 원이며 전기, 가스(난방)는 사용량이 부과됨.

월세 이외에 부과되는 공용 관리비 등 세부 항목을 협의한 뒤 특약에 정확하게 넣어야 향후 관리비로 인한 분쟁을 방지할 수 있다.

이러한 '깜깜이 관리비'를 방지하기 위해 계약 시 공인중개사가 관리비 세부 내역을 확인해 임차인에게 설명하도록 법이 개정되었으므로, 계약 시 임차인은 공인중개사에게 관리비 항목을 요구해서 꼼꼼하게 확인해야 생각지도 못한 지출을 막을 수 있다.

TIP

관리비에 포함된 장기수선충당금?
일정 규모 이상의 아파트 등에서는 매월 관리비 항목에 '장기수선충당금'을 포함한다. 장기수선충당금은 도색 작업 같이 향후 아파트의 유지 보수를 위해 매월 일정 금액을 각 세대에게 걷는 것으로, 집주인이 납부하는 것이 원칙이다.
해당 주택에 임차인이 거주할 경우 매월 장기수선충당금이 포함된 관리비를 납부하게 되는데, 계약 만료 시 임차인은 그동안 납부했던 장기수선충당금을 집주인에게 청구하면 된다. 임차인은 거주했던 기간 동안의 장기수선충당금 내역을 관리사무소에 요구하여 전체 금액을 집주인에게 청구할 수 있다. 장기수선충당금은 매월 적게는 몇천 원에서 많게는 몇만 원까지 부과되므로 반드시 집주인에게 청구해서 계약 만료 시 이사비용 등에 충당하면 좋을 것이다.

2 장

계약서에
내 도장을 찍다

좋은 조건의 집을 선택했다면 등기부등본 등 중요한 서류부터 확인해야 한다. 그리고 계약서를 작성할 때에는 임차인에게 유리한 특약을 요구해야 한다.

똑똑하게 계약서를 작성했다고 해서 끝이 아니다. 보증금을 지키기 위해 반드시 해야 할 확정일자와 전세권 설정을 비교해보고 임차인의 상황에 맞게 우선변제권을 확보해야 한다. 물론 입주 후에도 마지막으로 할 일이 있다.

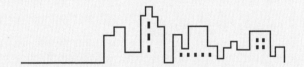

01

등기부등본과
건축물대장은 세트

집을 알아볼 때 첫 단추를 잘 끼우는 것부터 집을 보는 노하우 등을 알아봤다. 이번 장에서는 실제로 마음에 드는 집을 선택 하고 계약을 진행할 때 반드시 확인해야 할 부분을 알아보려고 한다.

등기부등본은 부동산의 신분증

부동산 계약을 할 때 가장 중요한 첫 단계가 다들 잘 알고 있 는 등기부등본 확인이다. 등기부등본을 확인해보는 것을 권리 분석이라고 한다.

권리분석을 잘 해야 위험한 물건인지 여부를 제대로 판단할 수 있다. 그런데 아직도 많은 임차인이 이를 대수롭지 않게 여기고 계약을 진행하고 있다. 이후 문제가 발생할 여지가 매우 크므로 권리분석을 꼼꼼히 해야 한다.

등기부등본은 그 집의 신분증이다. 소유자는 누구인지, 집을 담보로 빚은 얼마나 있는지 등을 알 수 있기 때문이다.

등기부등본은 건물등기부, 토지등기부, 집합건물등기부로 나뉘어 있다. 일반적으로 아파트, 빌라, 연립, 다세대주택 등 토지 위에 지어진 건물에 여러 세대가 호실별로 소유권이 분리되어 있고 독립된 공간으로 구분된 건물을 집합건물이라고 하는데 이 경우 집합건물등기부를 확인해야 한다. 다가구주택, 단독주택 등은 건물등기부와 토지등기부를 각각 확인해야 한다.

등기부등본은 법원 등기소에 방문하거나 PC, 모바일로 인터넷등기소에서 열람이나 발급할 수 있다. 열람에는 1건당 700원, 발급에는 1,000원의 수수료가 발생한다.

건물등기부, 토지등기부, 집합건물등기부 중에서 선택해 관련 등기부등본을 발급해보면 표제부, 갑구, 을구, 이렇게 3가지 항목으로 구분되어 있음을 알 수 있다. 아파트 등 집합건물의 경우 '표제부'에는 1동 건물의 표시(부동산의 소재지번, 건물 명칭, 건물 내역 등), 대지권의 목적인 토지의 표시(토지 지목, 면적 등), 전유부분 건물의 표시(전유면적 등)가 기재되어 있으므로 이를 통해 계약하려는 부동산의 정보와 일치하는지 확인해야 한다(다음 페이지 상단 그림 참고).

【 표 제 부 】	(1동의 건물의 표시)			
표시번호	접 수	소재지번,건물명칭 및 번호	건 물 내 역	등기원인 및 기타사항
1	2019년9월■■일	서울특별시 ■■■	철근콘크리트구조 (철근)콘크리트(평스라브) 지붕 5층 공동주택(다세대주택)근린 생활시설 1층 51.51㎡ 1층 24.32㎡ 2층 105.31㎡ 3층 105.31㎡ 4층 82.64㎡ 5층 70.79㎡ 옥탑1층 15.76㎡(연면적제외)	

(대지권의 목적인 토지의 표시)			
표시번호	소 재 지 번	지 목	면 적	등기원인 및 기타사항
1	1. 서울특별시 ■■■	대	221㎡	2019년9월■■일 등기

【 표 제 부 】	(전유부분의 건물의 표시)			
표시번호	접 수	건 물 번 호	건 물 내 역	등기원인 및 기타사항
1	2019년9월■■일	■■■■■	철근콘크리트구조 27■■㎡	

• 출처: 인터넷등기소

등기부등본을 분석할 때 아파트, 빌라 등 집합건물의 경우 표제부 하단의 '대지권 종류'를 반드시 확인해야 한다. 대지권이란, 건물의 구분 소유자가 전유부분을 소유하기 위해 건물의 대지에 대해 갖는 권리다.

(대지권의 표시)			
표시번호	대지권종류	대지권비율	등기원인 및 기타사항
1	1 소유권대지권	55639.5분의 36.905	2012년12월29일 대지권 2013년2월27일

• 출처: 인터넷등기소

예를 들어, 빌라 1개 동의 대지가 500㎡이고 1개 동에 10세대의 구분 소유자가 있다면 세대마다 50㎡의 대지 권한을 갖는 셈이다. 그 비율이 대지권 비율로 표시된다.

그런데 대지권 종류가 '소유권대지권'이 아니라 임차권, 지상권 등으로 설정되어 있거나 대지권이 미등기 상태인 경우도 볼 수 있다. 그럴 경우 해당 건물이 있는 토지 소유자가 각 구분 소유자에게 토지에 대한 사용료를 청구하는 등 이후 심각한 문제가 발생할 수 있고 그에 따른 피해가 임차인에게 전가될 수 있다. 그러므로 전세로 들어갈 때도 대지권 종류를 꼭 확인해야 한다.

대지권 종류가 소유권대지권으로 되어 있다고 해도 안심하면 안 된다. 대지권의 표시에 '토지별도등기'라고 표시되어 있다면 위험할 수 있다.

보통 건물을 지을 때 토지 소유자가 대출을 받아 건축비를 감당한다. 그런데 건물이 완공되고 세대마다 구분등기를 할 때까지 은행의 대출금을 갚지 않았거나 토지 소유자와 시공사, 시행사 등의 내부적인 관계로 인해 토지별도등기가 되어 있기도 하다. 법률적 지식이 부족한 일반인이라면 토지별도등기의 내용에 대해 자세히 알기 어려우므로 주의해야 한다. 계약하려는 집에 토지별도등기가 말소되어 있지 않고 그대로 남아있다면 계약을 중단하고 반드시 전문가에게 의뢰해서 확인하길 바란다.

등기부등본 '갑구'에는 소유권에 관한 사항이 나온다. 소유자에 대한 정보를 확인할 수 있으며 가등기, 가처분, 압류, 가압류, 경매 등이 실행되면 갑구에 기재된다. 임대차 계약을 하는데 소유권 항목 외에 임차인에게 불리한 기타권리가 설정되어 있는지 반드시 확인해야 한다.

【 갑 구 】 (소유권에 관한 사항)				
순위번호	등 기 목 적	접 수	등 기 원 인	권리자 및 기타사항
6	소유권이전	2018년5월■일 제■호	2018년4월■일 매매	소유자 ███████
				거래가액 금██████

• 출처: 인터넷등기소

등기부등본 '을구'에는 소유권 외의 권리에 관한 사항이 나온다. 대표적으로 근저당권, 전세권 등이 설정된다.

소유자가 은행에서 대출을 받으면 근저당권자인 은행 이름과 근저당권의 금액이 채권 최고액으로 기재된다. 근저당권은 은행이 아닌 개인 간에도 설정이 가능하다.

【 을 구 】 (소유권 이외의 권리에 관한 사항)				
순위번호	등 기 목 적	접 수	등 기 원 인	권리자 및 기타사항
5	근저당권설정	2016년2월■일 제■호	2016년2월■일 설정계약	채권최고액 금██████원 채무자 ████
				근저당권자 주식회사 ███은행

• 출처: 인터넷등기소

임차인이 전세권을 등기했다면 전세권자의 이름과 전세금액, 범위, 존속 기간이 등기된다.

여기서 주의할 점이 있다. 임차인이 전세권을 설정하지 않고 전입신고와 확정일자를 받았다면 등기부등본에 나타나지 않는다는 것이다. 전세 계약을 할 때 기존 임차인의 유무를 알아보려면 집주인에게 기존 임차인의 보증금 등 계약 내용을 직접 요구해서 확인해야 한다.

【 을 구 】		(소유권 이외의 권리에 관한 사항)		
순위번호	등 기 목 적	접 수	등 기 원 인	권리자 및 기타사항
4	전세권설정	2021년6월█일 제████호	2021년5월█일 설정계약	전세금 금██████원 범 위 전유부분건물의 전부 존속기간 ████████ 전세권자 ████████

• 출처: 인터넷등기소

등기부등본에 근저당권이나 기존 임차인의 전세권이 설정되어 있는 상황에서 신규로 전세 계약을 체결하게 됐다면 잔금 전까지 대출금액 및 기존 임차인의 전세금액 전부를 상환한 후 해당 등기의 말소까지를 집주인에게 반드시 요구해야 한다.

이러한 상황의 집주인 대부분은 신규 전세 임차인의 전세 잔금을 받아 대출금액 및 기존 전세 임차인의 전세금을 상환하면서 해당 등기를 말소하므로 잔금을 줄 때 법무사 등을 입회시켜 말소를 진행하는 것이 안전하다. 집주인이 신규 임차인의 전세 잔금을 받은 뒤 대출 및 기존 임차인의 전세금을 상환하지 않을 수도 있기 때문이다. 아울러 이에 대한 내용을 계약서 특약에 기재해야 한다.

근저당권, 전세권 등 설정된 권리가 없다면 을구에 '기록사항 없음'이라고 표시된다.

【 을 구 】 (소유권 이외의 권리에 관한 사항)
기록사항 없음

• 출처: 인터넷등기소

등기부등본이 이렇게 깨끗해도 집주인이 잔금 날 당일에 담보
대출 등을 받을 수 있으니 만일에 대비해 앞에서 설명한 '등기신
청사건 처리현황'을 인터넷등기소에서 꼭 확인해보길 바란다.

등기부등본과 세트인 건축물대장

등기부등본을 봤다고 끝이 아니다. 임차인이나 매수인은 등
기부등본 외 중요한 서류 하나를 더 확인해야 한다. 바로 '건축
물대장'이다.

소유자, 근저당권 등 해당 부동산의 권리관계를 확인하기 위
해서는 등기부등본을 반드시 봐야 하고 해당 건축물의 상태를
확인하기 위해서는 건축물대장을 반드시 봐야 한다. 집과 관련
해 향후 발생할 문제를 미리 알게 해주는 서류들이다. 즉, 등기
부등본과 건축물대장은 세트라고 보면 된다.

건축물대장에는 건축물의 소재, 면적, 구조, 용도 등 건물의
상태가 표시되어 있다. 정부24, 세움터(www.eais.go.kr)에서 무
료로 확인할 수 있다. 건축물대장을 열람했는데 다음 페이지 그
림처럼 '위반건축물'이라고 표시되어 있다면 해당 건물은 위반
건축물로 지정된 것이다.

불법으로 베란다 등을 증축하거나 내부에 가벽을 설치하는
등의 방식으로 방을 여러 개로 나눠 늘려서(방 쪼개기), 건물을
용도에 맞지 않게 사용해서 등의 이유로 지자체에 적발되면 위
반건축물로 지정된다.

다음 그림에서는 사무소 용도인 층을 주택으로 불법 개조해서 위반건축물로 지정된 것이다.

• 출처: 정부24

건축물대장상 사무소 용도인데 실제 현장에 있는 해당 건물을 보면 외관과 내부가 다세대주택인 빌라로 착각할 만큼 흡사한 경우가 간혹 있다.

위반건축물로 지정되면 해당 부분이 원상 복구될 때까지 소유자에게 이행강제금이 부과된다. 이런 건물 대부분에는 전세보증보험이나 전세 자금 대출이 되지 않는다. 건축물대장을 확인하지 않고 계약했다가 위반건축물에 해당한다는 이유로 전세보증보험이나 전세 대출을 받지 못하면 임차인은 매우 난감해진다. 이를 이유로 계약금을 돌려달라고 요구해도 거부하는 집주인이 분명 있다. 이런 건물은 처음부터 패스하는 것이 중요하다.

전세보증보험이나 전세 대출을 받을 계획이 없더라도 위반건축물로 지정된 집에 전세로 들어가는 것은 피한다. 계약 기간이 만료되면 보통 집주인은 새로운 임차인의 보증금을 받아서 기존 임차인에게 반환해주는데 위반건축물로 지정된 집에 전세로 들어올 임차인을 구하기가 어렵기 때문이다.

임차인을 구하는 과정에서 위반건축물 관련 부분을 크게 신경 쓰지 않는 집주인이 많다. 아니 중요한 부분임을 알면서도 임차인을 구하기 위해 별일 아닌 척 말한다는 표현이 맞을 수도 있겠다.

필자가 임차인에게 자주 하는 말이 있다. 지금은 문제가 되지 않지만 나중에는 될 수 있음을 미리 알았으면서도 계약을 진행한다면 폭탄이 설치된 집에 임차인이 제 발로 들어가는 것과 다름이 없다고 말이다. 이러한 이유로 건축물대장도 등기부등본과 함께 반드시 확인해야 할 서류임을 임차인은 잊지 말아야 한다.

02

집주인이 자주 요구하는
임차인에게 불리한 특약?

임차인 대부분은 공인중개사가 작성해주는 계약서를 신뢰할 수밖에 없다. 임대차 계약의 경험이 적어서 관련 법적 지식이 부족한 상황이라 공인중개사에게 의존하기 때문이다.

공인중개사는 임대인과 임차인의 요구사항을 중간에서 협의한 다음, 계약서에 특약으로 기재해준다. 이때 임대인 대부분은 부동산 계약의 경험이 많아 유리한 특약이 무엇인지 잘 알고 있다. 반면, 임차인은 계약서에 기재되는 특약들이 향후 자신에게 득이 되는지, 실이 되는지 잘 판단하지 못한다.

임차인은 자신에게 유리한 특약을 꼭 알고 있어야 한다. 그리고 계약할 때 집주인의 눈치를 보지 말고 당당하게 그 특약을 계약서에 넣자고 요구해야 한다. 즉, 알아야 당하지 않고 손해 보지 않는다.

특약은 계약 당사자인 임대인과 임차인 간의 특별한 약속(약정)이라고 생각하면 된다. 계약서를 작성할 때 기재된 특약은 법적 효력이 있으므로 신중하게 작성해야 한다.

먼저 필요한 특약을 확인하기 전, 임차인이라면 '주택임대차보호법(이하 '주임법')'을 어느 정도 알아야 한다. 주임법은 임차인을 보호하기 위한 특별법으로 주거용 건물의 전부뿐만 아니라 일부, 즉 방 1칸의 임대차 계약에도 적용된다. 또한, 무허가 건물이나 미등기 주택에도 적용된다. 쉽게 말해, 등기가 되지 않은 집이나 원래 용도를 불법으로 개조한 건물의 실제 사용 용도가 주거용이라면 주임법의 적용을 받을 수 있다.

하지만 일시적 사용을 위한 임대차가 명백하면 주임법이 적용되지 않는다. 펜션, 숙박업소 등에서 며칠 동안 지내면서 펜션 주인에게 주임법을 주장하면 안 된다고 생각하면 이해가 쉬울 것이다.

그런데 특약과 주임법이 서로 무슨 관계가 있어 필자가 특약을 말하다가 말고 주임법을 말하는 것일까? 이유는 여기에 있다.

> **[주택임대차보호법 제10조(강행규정)]**
> 이 법에 위반된 약정으로서 임차인에게 불리한 것은 그 효력이 없다.

즉, 임대인과 임차인이 협의한 특약이라도 주임법에 위반된 약정이고 임차인에게 불리하다면 효력이 없다고 규정한 것이다. 임대인은 임차인에게 불리한 특약을 백날 넣어봐야 그 특약은 소용이 없다. 강행규정으로 임차인을 보호하기 위함이다.

여기서 많은 임차인이 '아차' 싶을 것이다. 임차인 자신에게 불리한데도 집주인이 요구한 대로 기재한 특약을 이행했다면 더욱 그럴 것이다. 그렇다면 반대로 임차인에게 유리한 특약은 효력이 있을까? 주임법은 임차인을 보호하기 위한 법이므로 당연히 효력이 있다.

효력이 없는 특약

이제부터 현장에서 집주인이 자주 요구하는 특약 중에 임차인에게 불리하지만 사실 효력이 없는 특약에 대해 설명하겠다.

계약서에 다음과 같은 특약을 넣거나 계약 기간을 1년으로 했다면 계약 만료인 1년 뒤에 임차인은 무조건 집에서 나가야 할까?

> 임대차 계약 기간을 1년으로 하고 임차인은 1년 뒤 퇴거한다.

결론부터 말하자면, 나가지 않아도 된다. 주임법에서 정하는 임차인의 기본 거주 기간은 2년이다. 기간을 정하지 않거나 2년 미만으로 정한 임대차도 2년으로 보기 때문이다.

여기에다 임차인은 집주인에게 2년의 임대차 기간이 끝나기

6개월~2개월 전까지 1회에 한해 계약 갱신 요구까지 할 수 있다. 그렇게 하면 2년 더 거주할 수 있다. 집주인의 가족이 해당집에 실거주를 한다 등의 특별한 사유가 없다면 임차인이 원할경우 총 4년 동안 거주할 수 있다.

그러므로 계약서에 임대차 계약의 기간을 1년으로 정하거나특약에 1년 후 임차인이 퇴거한다고 기재해도 임차인에게 불리한 약정이므로 집주인은 임차인을 강제로 내쫓을 수 없다. 즉, 임차인은 2년을 거주할 수도 있고, 계약서에 약정한 대로 1년만거주하고 나가도 된다.

반대로 집주인은 1년으로 체결한 계약을 임차인에게 2년이유효하다고 주장할 수는 없다. 임차인은 1년을 거주할지, 2년을거주할지 선택만 하면 된다.

> 보증금 및 월세를 1년에 한 번씩 주변 시세대로 올리기로 한다.

임대 수익을 최대한 높이기 위해 계약서에 이 특약을 요구하는 집주인이 아주 많다. 이 특약 또한 임차인에게 불리한 약정으로 효력이 없다. 주임법상 집주인이 보증금이나 월차임을 인상할 경우 상한선을 최대 연 5%로 제한하고 있기 때문이다.

보증금이나 월차임을 인상하려면 세금이나 공과금, 그 밖의부담 증감, 경제 사정의 변동으로 인해 기존의 보증금과 월차임이 적절하지 않다고 집주인이 직접 입증해야 인상할 수 있다.

그런데 이마저도 임차인과 협의가 되어야만 가능하다.

설령 임대료 인상과 관련한 집주인의 입증이 타당해도 무조건 5%를 인상할 수 있는 것도 아니다. 최대 5% 한도 내에서 집주인과 임차인이 협의해 인상할 수 있다. 즉, 임차인의 동의가 있어야만 인상이 가능하다.

하지만 많은 집주인이 무조건 5% 인상을 요구하거나 5%를 초과하는 금액을 무리하게 요구한다. 임차인이 이러한 임대료 증액 제한규정에 대해 알지 못한다면 피해를 볼 수 있으니 반드시 알아둬야 한다. 앞에서 말한 특약을 기재했어도 임차인은 해당 특약에 얽매어 집주인의 요구에 응할 필요가 없다.

> 임차인이 월세를 연체한 경우 임대인이 임차인의 짐을 처분할 수 있다.

특히 월세 계약에서 집주인이 자주 요구하는 특약이다. 사실 필자는 이 특약을 요구하는 집주인의 마음을 어느 정도 이해한다. 나쁜 집주인도 있지만 그보다 못된 임차인도 많기 때문이다(보통 못된 임차인은 전세보다는 월세에서 자주 보게 된다).

임차인이 2기의 차임액을 연체했다면 집주인은 임대차 계약을 해지할 수 있다. 이보다 더 오랫동안 월세를 연체하는 임차인도 많다. 이렇게 되면 집주인은 보증금에서 월차임을 공제한다. 그런데 임차인이 연체한 금액이 보증금과 비슷해지거나 초과하기도 한다.

집주인이 연락해도 받지 않는 임차인뿐만 아니라 문을 아예 열어주지 않는 임차인도 실제로 많다. 이 정도가 되면 집주인은 정말 답답해진다. 바로 이런 상황에 대비하려고 집주인은 앞에서 말한 특약을 요구한다. 집주인은 적법하게 명도 소송과 강제집행을 통해 임차인의 짐을 처리해야 한다. 이 과정에서 발생하는 비용이 임차인의 보증금으로 해결이 안 되면 사실상 집주인이 감당할 수밖에 없다.

사정상 임차인이 월차임을 연체할 수 있다. 그렇지만 연체한 월차임이 보증금과 비슷해졌는데도 고의적으로 연락을 받지 않는 임차인이 많아서 월차임을 2회만 연체해도 계약을 해지하는 집주인이 많다. 이를 대비해 앞에서 말한 특약을 요구하는 것이다. 하지만 해당 특약은 임차인에게 불리해 그 효력이 없다.

03

집주인 눈치 보지 말고
요구해야 하는 특약

이제 임차인에게 유리한 특약을 알아보자. 계약서를 작성할 때 기재하면 향후 임차인에게 유리하게 작용하는 특약이다.

> 임대차 계약의 기간 중 임대인이 해당 임대차 목적물을 매매하는 등의 사유로 소유자가 변동될 경우 즉시 임차인에게 고지하기로 한다. 이때 임차인은 계약을 해지할 수 있으며 임차인이 해지할 경우 임대인은 즉시 임차인에게 보증금 전액을 반환하기로 한다.

전세 사기의 바지사장 사례처럼 계약서를 같이 작성했던 임대인이 무능력자인 바지사장에게 집의 소유권을 넘기면서 자연스럽게 임대인의 지위까지 떠넘기고 보증금 반환의무를 나 몰라라 하는 상황을 예방하기 위한 특약이다.

보증금 반환의무를 이행하지 못할 소유자로 변경됐다고 판단되면 임차인은 이 특약으로 계약을 해지할 수 있게 된다. 또한, 기존 임대인에게 보증금 전액을 요구할 수 있게 되며 임대인이 나쁜 마음을 먹지 못하도록 압박하는 카드가 될 수 있다(해당 특약을 넣지 않았어도 임차인 모르게 임대인이 바뀌었다면 임차인은 임대인의 지위 승계를 거부할 수 있다. 이때 임차인은 임대인이 바뀐 사실을 안 때로부터 상당한 기간 내에 이의를 제기해야 한다).

> 계약 체결 후 해당 부동산에 근저당권 및 가압류 등 임차인에게 불리한 권리 및 기타권리 제한 사유가 발생해 잔금 지급 시까지 말소 및 해소가 불가능할 경우 임차인은 계약을 해제할 수 있다.
> 임차인이 계약을 해제할 경우 임대인은 임차인이 지급한 금액을 즉시 반환해주고 별도로 임차인에게 발생한 손해를 배상하기로 한다.

계약을 체결할 당시만 해도 등기부등본에 기타권리가 없는 깨끗한 상태였지만 계약 체결 후부터 잔금일 사이에 근저당권이나 가압류 등이 설정되면 임차인에게 문제가 생길 수 있다. 이런 상황에 대비한 특약이다. 임차인이 지급한 금액의 즉시 반환, 그리고 손해배상에 대한 부분까지 기재해 그 기준을 명확히 정하면 임대인을 압박하는 효과를 기대할 수 있다.

> 임대인은 등기부등본에 설정된 근저당권(압류, 가압류 등)을 잔금 시까지 상환 및 말소하기로 한다. 또한, 잔금 익일까지 임차인에게 불리한 근저당권 등의 권리를 추가로 설정하지 않기로 해 임차인이 1순위로 대항력 및 우선변제권을 취득하게 한다.

계약을 체결할 당시에 근저당권 등이 설정되어 있을 때 이후 발생할 수 있는 문제의 대비책이 되는 특약이다. 근저당권 등을 임차인이 잔금을 지급할 때까지 임대인이 상환 및 말소하고 잔금 당일 임차인이 즉시 전입신고와 확정일자를 받아 1순위로 대항력 및 우선변제권을 취득하게 해준다는 내용을 담고 있다. 임차인의 대항력은 익일 0시부터 발생하므로 특약에 '잔금 익일까지'라고 표시한다.

잔금 날에 임차인의 보증금으로 기존에 설정된 근저당권 등을 상환하는 임대인이 많다. 임차인은 잔금을 지급한 후 근저당권 등의 등기가 말소 접수됐는지 인터넷등기소의 등기신청사건 처리현황에서 반드시 확인한다(보통 법무사가 등기 말소 접수를 진행하므로 확인을 요청하면 된다).

> 잔금 시 임대인은 임차인이 1순위로 해당 부동산에 전입신고, 전세권 설정등기, 전세 대출, 전세보증보험에 가입하는 것에 동의한다.
> 또한, 잔금 시 임대인은 해당 부동산의 전세권 설정등기에 필요한 서류를 임차인에게 교부하고 위 내용 절차에 적극 협조한다.

보통 잔금을 지급할 때 임대인에게 전세권 설정등기에 필요한 서류와 해당 절차에 필요한 조치 등을 요구한다. 그런데 계약서를 작성할 때 임차인이 고지하지 않았다는 이유로 거절하는 임대인이 많다. 앞의 특약은 이런 상황을 예방하는 내용을 담고 있다고 할 수 있다.

본 계약은 임차인의 전세 자금 대출 실행 및 전세보증보험 가입이 가능한 경우의 조건이며 임대인 및 해당 부동산의 하자로 인해 전세 대출 실행 및 전세보증보험 가입이 불가하게 되면 계약을 무효로 한다. 그리고 임대인은 임차인에게 지급받은 금액 전부를 즉시 반환해주기로 한다.

계약금을 지급한 다음, 전세 자금 대출을 받으려는 임차인이 있다. 그런데 계약한 집에 전세 자금 대출이 불가능하다면? 임차인은 계약금을 몰수당할 수도 있다. 이런 상황에 대비하기 위해 이 특약을 계약서에 기재해야 한다.

전세보증보험은 잔금까지 지급하고 입주한 뒤에 가입이 가능하다. 그러므로 계약하기 전에 해당 집이 보증기관의 전세보증보험 가입조건에 부합하는지 반드시 확인해야 한다. 만약 가입조건에 맞지 않는다면 위험한 집으로 생각하고 계약하지 않는다.

계약 전에 보증기관에 보증보험 가입 가능 여부를 확인했더니 이상이 없어서 계약을 체결했는데 향후 기타 사유로 가입이 거절될 수도 있다. 앞의 특약을 계약서에 기재했다면 이를 근거로 임차인이 지급한 금액 전부를 반환해달라고 요구할 수 있다.

임대인은 잔금 시까지 기존 임차인과의 임대차 계약을 종료하고 기존 임차인의 전입신고 전출 및 전세권 설정등기를 말소해 해당 임차인에게 권리상 하자가 없는 상태로 부동산을 인도하여 주기로 한다.

임대차 계약을 체결하려는 집에 임차인이 거주하고 있다면 이 특약을 기재할 것을 추천한다.

집주인 대부분은 새 임차인에게 받은 보증금으로 기존 임차인에게 줘야 할 보증금을 해결한다. 그러므로 기존 임차인의 전입신고나 전세권 설정등기가 되어 있다면 반드시 기존 임차인의 전입신고 전출 및 전세권 등기를 말소해줄 것을 계약서 특약에 요구한다. 그렇게 해서 새 임차인의 1순위 권리를 확보해야 한다.

> 계약 체결 후 임대인의 국세 및 지방세 체납이 확인될 경우 임대인은 즉시 체납된 세금을 완납하기로 한다. 이를 어길 경우 임차인은 계약을 해제할 수 있다. 임차인이 계약을 해제할 경우 임대인은 임차인이 지급한 금액 전부를 즉시 반환하기로 한다.

계약 당시 등기부등본에 압류 등이 없었어도 임대인이 국세, 지방세 등을 체납하면 해당 부동산이 압류되고 경매나 공매가 진행될 수 있다. 그렇게 되면 임차인의 보증금은 후순위로 밀려 보증금 일부를 돌려받지 못할 가능성이 발생할 수 있다. 이런 상황에 대비하는 특약이다.

임차인의 보증금이 1,000만 원을 초과하면 계약 체결 후부터 임대차 계약의 기간이 시작되는 날까지 임대인의 동의가 없어도 세무서, 지자체에서 임대인이 체납한 국세 및 지방세 열람이 가능하다. 임차인은 계약서에 앞의 특약을 기재하고 반드시 임대인의 세금 체납 여부를 확인해야 한다.

계약 체결 후 해당 다가구주택의 선순위 임대차 보증금이 임대인이 고지한 금액과 다를 경우 임차인은 계약을 해제할 수 있다. 임차인이 계약을 해제하면 임대인은 임차인이 지급한 금액 전부를 즉시 반환하기로 한다.

다가구주택에 전세로 들어간다면 반드시 선순위 임차인들의 보증금 내역을 확인해봐야 한다. 임대차 계약 체결 후에는 임차인이 행정복지센터에 방문해 선순위 임차인들의 보증금이 기재된 확정일자 부여현황을 확인할 수 있다. 하지만 임대차 계약 체결 전이라면 집주인의 동의가 필요한데 이에 응해주는 집주인은 거의 없다. 그러므로 계약서를 작성할 때 이 특약을 기재할 필요가 있다. 확인했는데 임대인이 고지한 선순위 보증금 내역과 다르다면 계약 해제를 요구하는 것이 안전하다.

*

필자가 지금까지 말한 내용들, 즉 계약 시 주의사항과 권리분석, 특약 등을 통해 똑똑하게 집을 구한 임차인이라도 임대차 계약을 체결하고 집에 입주했는데 예상하지 못했던 문제로 집주인과 분쟁이 발생하는 경우를 실제로 자주 본다.

분쟁이 예상되는 부분을 미리 확인해서 집주인과 협의한 후, 특약에 기재한다면 임차인은 향후 집주인과의 분쟁을 예방할 수 있다. 의외로 놓치는 부분을 정리해봤다.

- 임차인이 부담해야 할 관리비(인터넷, TV 사용료, 수도료, 공용 관리비 등) 항목을 특약에 정확하게 기재한다.
- 집 내부에 수리할 부분(도배, 장판, 시설물 등)을 미리 확인해 특약에 기재한다.
- 집 내부에서 반려동물(강아지, 고양이 등)과 함께 거주하는 것을 집주인에게 고지하고 이를 승낙했음을 특약에 기재한다.

어쩌면 사소하게 보이는 부분까지 특약으로 넣어야 한다. 거주하는데 예상하지 못했던 관리비가 부과되어 추가 지출이 생길 수 있다. 내부 시설물 등의 하자를 뒤늦게 발견해 임대인에게 수리를 요구했는데 계약할 때 이야기하지 않았다는 이유로 거부당할 수 있다. 또한, 반려동물과 같이 산다고 계약 당시에 알리지 않았다면서 계약을 해지하려는 임대인도 있다.

앞에서 설명했듯이 특약은 임대인과 임차인의 특별한 약속이다. 지금까지 말한 특약 외의 내용 그 무엇이라도 필요에 따라 협의하고 기재해야 한다. 집주인의 눈치를 볼 필요가 없다. 계약서에 명확하게 기재한 특약이 임차인에게 큰 힘이 된다.

04

계약하고 확정일자를 받을까?
전세권 설정을 할까?

많은 임차인이 보증금을 지키기 위해 '확정일자를 받을지, 아니면 전세권 설정을 할지'에 대해 궁금해한다.

먼저 개념부터 알 필요가 있다. 확정일자는 임대차계약서에 법원, 등기소, 행정복지센터 등의 기관에서 도장을 찍어준 날짜다. 임차인의 임대차 계약 사실이 해당 날짜에 존재함을 기록으로 남겨두기 위해 확정일자 부여기관에서 계약서에 도장을 부여받는 것이다. 확정일자를 받아도 등기부등본에 나타나지 않으므로 확정일자를 받은 계약서가 향후 증거의 역할을 한다.

확정일자는 임차인의 신분증, 임대차계약서를 갖고 앞에서 말한 해당 기관에 방문하거나 인터넷등기소 사이트에서 계약 정보를 입력해 부여받으면 된다.

확정일자를 받은 임차인에게는 해당 집이 경매가 진행됐을 때 후순위권리보다 앞서 보증금을 배당받을 수 있는 우선변제권의 효력이 발생한다는 사실은 이 책을 처음부터 읽은 독자라면 알 것이다. 또한, 확정일자만 받으면 아무런 소용이 없다는 것도 말이다. 우선변제권의 필수요건인 전입신고와 점유(이사), 확정일자까지 부여받아야만 우선변제권의 효력이 발생하기 때문이다.

보통 임차인은 잔금 날에 전입신고와 확정일자를 받는다. 임차인의 대항력과 우선변제권은 다음 날 0시부터 효력이 발생한다. 그래서 잔금 날에 혹시라도 집주인이 전셋집을 담보로 대출을 받고 등기부등본에 근저당권을 설정하지 않을까 걱정하는 임차인이 많다.

잔금을 치른 뒤에 집주인이 은행에 가서 대출을 받지 못하도록 온종일 잡고 있을 수도 없고 임차인의 대항력이 다음 날 0시부터 발생하니 찝찝하다면 방법이 하나 있다. 집주인을 절대로 못 믿겠다면 잔금을 지급하면서 바로 등기부등본에 '전세권 설정'을 등기하는 것이다. 임차인이 전세권을 등기하면 그 효력은 접수 당일 즉시 발생한다.

【 을 구 】 (소유권 이외의 권리에 관한 사항)				
순위번호	등 기 목 적	접 수	등 기 원 인	권리자 및 기타사항
4	전세권설정	2021년6월■일 제■호	2021년5월■일 설정계약	전세금 금■■원 범 위 전유부분건물의 전부 존속기간 전세권자

• 출처: 인터넷등기소

당일에 효력이 발생하게 해준다

전세권 설정등기는, 쉽게 말해 등기부등본에 자신이 이 집에 전세를 사는 사람이라고 모두에게 공시해놓는 것이다. 전세권자의 이름, 전세금, 범위, 존속 기간이 등기부등본에 기재된다.

임차인이 월세가 아닌 전세로 임대차 계약을 체결하고 전입신고와 확정일자를 부여받아 거주한다고 해서 전세권자가 되지 않는다. 즉, 계약서 이름을 전세계약서로 했다고 임차인에게 전세권이 생기는 게 아니라 반드시 전세권을 등기해야만 효력이 발생한다.

전세권을 등기하면 전입신고 및 확정일자를 받지 않아도 당일 효력이 발생하는 우선변제권을 얻는다. 현장에서는 임차인이 사정상 집에 전입신고를 못할 때 많이 이용된다.

요즘 오피스텔에 임대로 들어갈 때 집주인이 전입신고를 하지 못하게 하는 경우가 많다. 임차인이 전입신고를 하면 집주인이 다주택자에 해당해 양도소득세가 발생한다는 이유로 거부하기 때문이다. 이런 경우에는 반드시 전세권을 설정해야만 보증금을 지킬 수 있다.

전세권 설정이 필요한 또 다른 이유가 있다. 실제 사례인데 수년 전 필자의 지인은 아파트에 전세로 들어가면서 전입신고와 확정일자를 받았고 이후 거주하고 있었다. 그러던 중 다른 지역의 신축 아파트 청약을 위해 전셋집의 전입신고를 다른 곳으로 옮겼다.

그런데 그 몇 달 사이에 전셋집 등기부등본에 세금 체납으로 인한 압류부터 집주인과 채무관계에 있는 채권자들의 가압류까지 들어와 있었다. 이를 확인한 지인은 부랴부랴 전입신고를 다시 옮겼다. 정말 다행히도 집주인이 세금과 빚을 전부 갚고 가압류를 말소해줬다. 만약 그사이에 높은 금액의 근저당권이 설정되어 경매가 진행됐다면 필자의 지인은 보증금을 잃게 되었을 확률이 높다.

이렇게 임대차 계약의 기간 중에 사정상 전입신고를 다른 곳으로 옮겨야 하는 상황이 발생했을 때 만일의 사태에 대비해 반드시 전세권 설정등기를 해놓고 전출을 해야만 임차인의 보증금이 안전하다.

또한, 임차인의 지위를 강화하기 위해 잔금 당일 전세권 설정등기를 접수하고 전입신고와 확정일자를 받는 경우도 많다.

임차인의 대항력이 다음 날 0시부터 발생하는 부분에 위험 부담을 느끼는 임차인에게는 전세권 설정등기가 좋은 대안이 된다. 잔금 날에 임차인이 전세권을 접수하면 은행은 전세권이 접수된 상태에서는 그 뒤로 대출을 해주지 않기 때문이다.

하지만 임차인이 하고 싶다고 해서 무조건 전세권 설정등기를 할 수 있지 않다. 전입신고와 확정일자를 받으려면 집주인의 동의가 필요 없지만 전세권 설정등기를 하려면 집주인의 동의가 있어야 가능해서다.

아직 많은 집주인이 임차인의 전세권 설정등기에 대해 거부감을 느끼고 있다. 자신이 소유한 집의 등기부등본이 전세권 설정으로 인해 지저분해져 보이면 이후 어떤 불이익이 생길 수도 있다는 걱정 등을 하기 때문이다. 사실 전세권 설정등기를 해준다고 해서 집주인에게 불이익이 생길 이유는 전혀 없는데도 말이다.

임차인이 전세권을 설정할 계획이라면 계약서를 작성할 때 다음과 같은 특약을 넣자고 반드시 요구해야 한다.

임대인은 임차인이 해당 부동산에 전세권 설정등기를 하는 것에 동의하며, 잔금 시 임대인은 잔금 수령과 동시에 임차인의 전세권 설정등기에 필요한 서류를 교부해주기로 한다.

앞에서 말했듯 이러한 특약을 미리 얘기하지 않거나 기재하지 않고 잔금 당일에 갑자기 집주인에게 전세권 설정등기를 요구하면 집주인 입장에서는 굳이 해주지 않아도 된다고 생각한다. 실제로도 거부하는 집주인이 정말 많다. 그러므로 계약서를 작성할 때 미리 특약으로 요구해야 한다고 다시 한번 말하는 것이다.

전세권 설정등기는 집주인이 신청할 수 있지만 대부분 임차인이 집주인에게 전세권 설정에 필요한 서류(집주인의 인감증명서, 등기권리증 등)를 받아 직접 신청하거나 법무사나 변호사 사무실을 통해 신청한다.

전입신고와 확정일자를 받을 때는 비용 부담이 없지만 전세권 설정등기를 할 때는 각종 세금과 수수료가 발생한다. 법무사나 변호사 사무실에 등기 대행 업무를 의뢰하면 비용은 추가된다. 전세권 설정 관련 금액에 따라 다르지만 적게는 수십만 원에서 많게는 백만 원이 훌쩍 넘어간다. 이처럼 과도한 비용이 지출된다는 이유로 임차인 대부분은 전세권 설정등기에 부담을 느끼고 전입신고와 확정일자에서 마무리한다. 전입신고와 확정일자 외에 추가로 전세권을 등기하는 부분은 임차인의 선택이지만 사정상 전입신고를 못한다면 전세권 설정등기는 필수다.

다음 표에는 확정일자를 받은 임차인과 전세권 설정을 한 전세권자를 비교한 내용을 담았다.

[확정일자 VS 전세권 설정]

구분	확정일자	전세권 설정
적용 법규	주택임대차보호법	민법
동의 여부	집주인 동의 불필요	집주인 동의 필요
우선변제권 요건	전입신고+점유 필요	전입신고, 점유 불필요
효력 발생 시점	전입신고+이사+확정일자 다음 날 0시부터	등기 신청 당일 즉시
경매 시 우선 변제 ① 단독, 다가구(원룸)	전체 낙찰가액에서 우선 변제	전체 낙찰가액 중 건물가액에서 우선 변제
경매 시 우선 변제 ② 아파트, 빌라 등	전체 낙찰가액에서 우선 변제	전체 낙찰가액에서 우선 변제
경매 신청방식	보증금 반환 청구 소송 후 강제 경매 신청	소송 없이 임의 경매 신청
경매 배당절차	배당 신청 후 보증금 배당	배당 신청 없이 보증금 배당
소요 비용	1천 원 미만	수십만 원 이상 (전세금액에 따라 상이)

05

입주했다고
끝이 아니다

임차인이 이사 계획을 세우고 집의 시세를 알아보고 이 중에서
전세보증보험 가입이 가능한 집을 선택한다. 공인중개사와 계
약을 진행하면서 유리한 특약까지 기재한다. 그다음, 잔금 날에
등기부등본을 확인하고 이사하면서 전입신고와 확정일자를 받
는다. 이후 전세보증보험까지 가입한다.

지금까지 말한 내용을 정확하게 확인하면서 집을 구했다면
임차인으로서 할 것은 다 했다고 볼 수 있다. 그런데 여기서 끝
이 아니다. 마지막으로 할 일이 남아있다. 바로 내부 시설물의
하자를 사진을 찍어 증거로 남겨두는 것이다.

입주 전부터 내부 시설물이 훼손되어 있거나 고장 난 부분이
있다면 반드시 집주인에게 고지해야 한다. 임차인이 입주 전에

하자부분을 발견했는데도 사진으로 남겨놓지 않거나 집주인에게 고지하지 않으면 계약 만료 때 집주인이 임차인의 과실로 파손됐다며 수리를 요구하기 때문이다. 실제로 많이 발생한다.

임차인의 과실로 파손됐다면 당연히 임차인에게 수리의무가 있다. 하지만 임차인이 입주하기 전부터 파손되어 있었는데도 모르는 집주인이 많으므로 반드시 집 내부의 시설물을 꼼꼼하게 살펴봐야 한다. 하자를 발견했다면 즉시 사진으로 남겨놓고 집주인에게 알린다.

보통 계약이 만료되면 집주인은 임차인의 이삿짐이 전부 빠진 상태에서 집 내부를 확인하고 보증금을 반환해준다. 이때 집주인과 임차인의 분쟁이 자주 일어난다. 그중 제일 흔하게 문제가 되는 부분이 바로 벽지다.

벽지는 어떻게 사용하느냐에 따라 사용 연수가 달라진다. 짧게는 3~4년에서 길게는 10년 넘게 사용할 수도 있다. 사실 벽지는 사람이 거주하면서 약간의 흠집이 생기거나 자연스럽게 노후화가 되는데 이를 바라보는 관점은 다르다. 최대한 길게 사용하기를 원하는 집주인은 임차인의 부주의로 인해 훼손됐다고 보는 반면, 임차인은 처음 들어왔을 때와 큰 차이가 없다고 본다.

분쟁은 이뿐만이 아니다. 실제 사례인데 빌트인 냉장고가 옵션인 아파트에 전세로 살다가 계약 만료가 되어 이사를 나가는 날에 문제가 발생했다. 집주인이 집 내부를 살펴보던 중 냉장고 문이 심하게 찍혀 있음을 발견하고 임차인에게 냉장고 문 교체를 요구했다. 임차인은 처음 입주할 때부터 그랬다고 하면서 잘 못이 없다고 반발했다. 그렇게 다툼이 시작됐다.

하지만 시간이 지체될수록 임차인이 불리해진다. 집주인에게 전세금을 돌려받아야 새로 이사 갈 집에 잔금을 치르고 이삿짐 이 들어갈 수 있기 때문이다. 임차인은 어쩔 수 없이 수리비용 을 일부 지급하기로 하고 전세금을 돌려받았다.

임차인이 입주하기 전부터 파손되어 있었는지, 아니면 임차 인이 파손하고도 오리발을 내민 것인지 알 수 없다. 만약 임차 인의 주장대로 입주하기 전부터 파손되어 있었다면 향후 이러 한 분쟁을 대비해 사진으로 남겨놓고 집주인에게 알렸어야 했 다. 그래서 임차인은 입주하면서 집 내부를 꼼꼼하게 확인해야 한다. 사소하게 보일 수 있겠지만 반드시 확인해야 계약이 만료 될 때 혹시 모를 임차인의 피해를 줄일 수 있다.

입주할 때는 아무런 하자가 없었는데 임차인이 거주하면서 하자가 발생하는 경우도 자주 있다. 하자가 발생하면 기본적으 로 집주인에게 수선의무가 있다. 누수, 균열, 설치된 가전제품 고장, 보일러 고장 등의 하자가 발생하면 당연히 집주인이 처리 해야 한다. 그런데 사회 통념상 임차인이 큰 비용을 들이지 않 고 손쉽게 수리할 수 있는 전등이나 샤워기 호스처럼 사소한 부 분에 하자가 발생했다면 임차인이 처리한다.

임차인은 임대차 기간 동안 시설물을 잘 관리해야 할 의무가 있다. 거주 중에 수리가 필요한 하자가 발생하면 바로 집주인에게 통지해줘야 한다. 하자를 발견하고도 집주인에게 통지하지 않으면 큰 문제가 발생할 수 있다. 특히 누수나 균열과 같은 중대한 하자가 이에 해당한다.

임차인이 거주 중에 누수를 발견했으나 방치하는 바람에 누수의 범위가 점점 커져서 다른 시설물까지 훼손되는 심각한 상태에까지 이른다면 선량한 관리자의 주의의무를 다하지 않았다는 이유로 임차인에게도 과실이 인정될 수 있다. 이에 따른 수리비용까지 부담할 수도 있다. 이러한 이유 때문에 임차인은 하자를 발견하면 사진으로 증거를 남겨놓고 그 사실을 집주인에게 지체 없이 고지해야만 향후 분쟁에서 유리하다.

실제로 현장에서는 이외에도 많은 사유로 집주인과 임차인의 다툼이 자주 발생한다. 여기서 필자가 말하고 싶은 것이 있다. '사람은 누구나 손해 보는 것을 원하지 않는다'이다.

손해를 보지 않기 위해 집주인과 임차인이 서로 자신의 주장만 내세우거나 불쾌한 어투로 자신의 감정만을 표현한다면 어떨까? 이를 기분 좋게 받아들일 사람은 아마 없을 것이다.

집에 하자가 발생했을 때도 마찬가지다. 임차인이 거주 중에 수리할 부분을 발견했다면 집주인에게 정중하게 요구하는 것이 좋다. 군이 처음부터 법조문을 찾아가며 민법 제623조 임대인의 수선 유지의무를 따지면서 논쟁을 벌여 집주인을 자극할 필요가 없다.

물론 상식 밖의 집주인이 있지만 사실 집주인도 똑같은 사람이다. 임차인이 기분 좋게 요구하면 처음부터 이를 안 좋게 받아들일 집주인은 많지 않다. 임차인이 처음부터 정중하게 수리 요구를 했다면 응했을 집주인도 임차인이 당연한 거 아니냐면서 거친 말투로 요구한다면 오히려 반감을 가질 수도 있다.

임차인은 집 내부에 하자 등이 발생하면 처음부터 격앙된 목소리로 법부터 먼저 말하기보다 정중한 표현으로 집주인과 소통해야 한다. 그렇게 한다면 서로 다툼없이 문제를 잘 해결할 것이라고 필자는 생각한다.

06

임차인으로 거주하면서
해야 할 일 3가지

등기부를 주기적으로 확인하라

임차인으로서 1순위를 확보하고 거주 중이더라도 적어도 한 달
에 한 번은 거주 중인 임차주택의 등기부등본을 발급해보는 것
이 좋다.

임차인이 1순위인 상황에서 그 뒤로 근저당권이나 압류, 가
압류 등의 기타권리가 등기부등본에 설정되어도 임차인의 순
위를 위협하지는 않으나 앞에 나온 빌라 전세 사기 사례처럼 임
차인 모르게 바지사장으로 소유자를 바꾸는 등의 수법으로 인
해 적절한 시기에 해지 통지를 하지 못해 피해가 발생할 수도 있
다. 또한, 갑작스러운 집주인의 재정 악화로 등기부등본에 압
류, 가압류 등이 들어오는 경우도 자주 본다.

압류, 가압류 등이 설정되면 향후 새로운 임차인을 구하는 것은 현실적으로 어려워진다. 어찌 보면 당연하다. 내가 계약하려는 집의 등기부등본에 압류, 가압류, 기타권리들이 설정되어 있다면 단번에 집주인의 이미지는 좋지 않아진다. 이곳저곳에 채무관계가 복잡해서 등기부등본이 지저분하다면 그 집을 계약할 임차인은 아마 거의 없을 것이다.

이러한 이유로 등기부등본을 주기적으로 발급해서 권리 변동 여부를 확인해보는 것이 좋다. 갑자기 등기부등본에 어떠한 권리가 설정됐다면 즉시 집주인에게 연락해 향후 대응방법 등을 논의한다. 특히 이사를 생각하고 있는 상황이었다면 더욱 서둘러 움직여야 한다.

여담으로, 옆집이나 다른 세대의 등기부등본을 발급해서 소유자 및 근저당권 등 권리내역을 확인해보는 것도 부동산 안목을 기르는 하나의 방법이 된다. 여러 집의 등기부등본을 확인하면서 소유자는 누구인지, 언제 매매 계약을 했는지, 매매금액은 얼마인지, 대출은 얼마나 받았는지 등 해당 집의 역사를 파악해볼 수 있다.

계약 연장 여부를 여유 있게 통보하라

전세나 월세 계약이 만료되는 날, 집주인은 임차인에게 보증금을 반환해주고 임차인은 집주인에게 해당 주택을 인도(반환)해줘야 한다. 계약이 만료되는 날에 임차인이 보증금을 반환받기 위해서는 계약 만료 2개월 전까지 집주인에게 계약 연장을 하지 않겠다는 갱신 거절의 의사 표시를 해야 한다는 것은 앞의 PART 1의 2장에서 설명했다.

갱신 거절의 방법으로는 문자, 전화, 내용증명 등이 있다. 현장에서는 계약 만료 전 갱신 거절 관련 의사 표시를 두고 집주인과 임차인이 상반된 주장을 내세우며 다투는 경우를 자주 본다. 다음은 필자가 중개업을 하며 본 사례다.

한 아파트에 전세 3억 원으로 거주 중인 임차인이 있었다. 계약 만료 2개월 전에 계약 갱신을 고민하던 찰나, 인근에 급매물로 나온 아파트를 계약하기로 마음을 먹었다. 법적으로 계약 만료 2개월 전까지만 집주인에게 갱신 거절을 통보하면 되므로 계약 만료 2개월 직전 집주인에게 전화로 계약을 연장하지 않겠다고 갱신 거절을 했다. 그리고 서둘러 급매물로 나온 아파트를 계약하고 계약금까지 지급했다.

그렇게 한 달 정도가 지나 이사 계획에 부풀어 있던 임차인은 불안함을 느꼈다. 핸드폰으로 검색을 해보니 임차인이 살던 집이 인터넷 부동산에 매물로 올라와 있지 않았던 것이다.

이상함을 느낀 임차인은 바로 집주인에게 전화를 걸어 전세 계약 만료일에 전세금을 반환해줄 수 있는지 재차 확인했다. 하지만 집주인의 대답에 임차인은 황당함을 느꼈다.

집주인의 말은 이러했다. 임차인이 전화로 갱신 거절 관련 의사 표시를 명확히 하지 않고 이사 갈 집을 알아보고 있다는 얘기만 두루뭉술하게 했다는 것이다. 또한, 새로 이사 갈 집을 계약하기 전에 다시 한번 전화해서 자신에게 정확하게 내용을 말해 줬다면 어떻게든 반환해줄 보증금을 만들었을 것이라며 오히려 임차인에게 짜증까지 냈다고 한다.

임차인은 당황스러웠지만 사실 어쩔 도리가 없었다. 어떻게든 집주인을 설득해 계약 만료일에 맞춰 전세금을 돌려받고 이사 가는 것이 최선의 방법이었기에 집주인에게 다시 정중하게 부탁했다. 갱신 거절 관련 통화를 할 당시에 통화 내용을 녹음해 놓지 않아서 집주인의 억지를 반박할 수도 없었다.

계약 만료 2개월 전까지 집주인에게 정확한 의사 표시로 갱신 거절을 했다면 계약 만료일에 맞춰 집주인은 보증금을 반환해야 하지만 이런저런 핑계를 대며 응하지 않는 집주인을 실제로 자주 본다. 부동산 경기가 좋지 않은 요즘에는 집을 팔기도 어렵고 기존 임차인과 동일한 보증금으로 새로운 임차인을 구하는 것 또한 쉽지 않아서 어떻게든 기존 임차인과의 계약을 연장하려는 집주인이 많아졌다.

계약만료일에 맞춰 보증금을 돌려받지 못한다면 임차인에게 큰 피해가 발생할 수 있다. 이사 갈 집을 계약한 상태에서 약속한 잔금 날에 잔금을 지급하지 못한다면 지급한 계약금을 날릴 수도 있고 이사비용 등 추가 피해가 발생할 확률이 높다.

다행히 앞에서 얘기한 임차인은 집주인이 담보 대출을 받아 계약만료일에 맞춰 보증금을 돌려줘서 이사를 갈 수 있었다.

이러한 이유로 임차인은 집주인에게 계약 갱신 거절을 정확하게 통지해야 하며 통화 녹음, 문자, 내용증명 등으로 증거를 확보해 놓고 있어야 유리하다.

갱신 거절의 기한은 계약 만료 6개월에서 2개월 전까지이나 여유 있게 6개월 전부터 갱신 거절 관련 의사 표시를 하는 것이 좋다. 만료 2개월 전이 임박해 갱신 거절을 하면 집주인이 반환해줄 보증금을 마련할 시간이 부족할 수도 있기 때문이다. 물론 기한 내에 정당하게 갱신 거절을 했으니 계약만료일에 맞춰 집주인은 무조건 보증금을 돌려줘야 하지만 현장에서는 이를 지키지 않는 집주인이 많다.

그러므로 갱신 거절을 할 때는 여유 있게 6개월 전부터 집주인에게 의사 표시를 정확하게 한다. 앞의 사례처럼 새로 이사 갈 집을 계약하는 등의 상황이 발생하면 집주인에게 고지해서 향후 집주인이 보증금을 마련할 시간이 부족했다는 등의 핑계를 대지 못하도록 임차인이 적극적으로 행동한다.

계약 갱신 거절 뒤 향후 집주인의 계획을 확인하라

계약 만료 2개월 전에 집주인에게 갱신 거절을 통지했다고 해서 끝이 아니다. 계약할 때 임차인이 준 보증금을 계약만료일까지 자신의 계좌에 고스란히 보관하고 있는 집주인은 거의 없기 때문이다.

집주인 대부분은 임차인이 지급한 전세 또는 월세보증금으로 다른 집을 매수할 때 필요한 자금으로 쓰거나 투자 등에 사용한다. 그래서 집주인이 계약만료일에 맞춰 보증금을 반환해줄 수 있도록 시간 여유를 두고 갱신 거절을 해야 한다.

갱신 거절을 통지하면 집주인은 3가지 방법 중 하나를 선택하게 된다.

① 임차인이 살던 집에 집주인이 거주한다고 할 경우
→ 집주인은 임차인 계약만료일에 맞춰 보증금을 반환해주기 위해 계획을 명확하게 세우고 자금 융통을 해놓았기 때문에 임차인의 보증금 반환에 큰 문제가 없다.
② 집을 매매한 대금으로 임차인의 보증금을 돌려준다고 할 경우
→ 부동산 시장의 경기가 좋다면(초과 수요) 집을 파는 것은 쉽다. 그런데 요즘처럼 고금리 여파 등으로 집을 사려는 매수세는 적고 매도 물건이 쌓이면 매매가 정말 어렵다. 매매가 1년 넘게 걸리기도 하며 기한을 특정할 수 없는 상황도 발생할 수 있다. 집주인이 급매로 처분하지 않는 이상 계약만료일에 맞춰 임차인에게 보증금을 반환해주는 것은 사실상 어렵다고 봐야 한다.
③ 새로운 임차인을 구해서 보증금을 돌려준다고 할 경우
→ (예를 들어) 현재 임차인의 전세금이 3억 원이라면 집주인은 새로운 임차인을 구할 때도 동일한 전세금 3억 원을 희망하는 경우가 대부분이다. 하지만 집값이 하락하면 덩달아 전세 시

세까지 하락한다. 그러면 기존 임차인과 동일한 전세금으로 새로운 임차인을 구하는 것은 현실적으로 어렵다.

기존 전세금보다 낮춰서 새로운 임차인을 구해야 하지만 현장에서는 금액 조정을 하지 않으려는 집주인이 많다. 기존 임차인의 전세금보다 신규 임차인의 전세금이 낮아질수록 집주인이 그 차액을 부담해야 하는 이유에서다. 앞서 말했듯 임차인이 준 보증금을 고스란히 계좌에 보관하고 있는 집주인은 거의 없기 때문이다.

임차인이 갱신 거절을 한 뒤 집주인의 계획에 따라 계약만료일에 보증금 회수가 가능할 수도 있고 그렇지 못할 수도 있는 것이 실제 현실이다. 이러한 이유로 임차인은 갱신 거절을 한 뒤에도 불안함을 느낄 수밖에 없다.

필자는 임차인에게 보증금을 돌려받기까지 긴장의 끈을 놓지 말라고 말하고 싶다. 갱신 거절 통보만 하고 이후부터는 신경을 쓰지 않는 임차인이 많은데 그러면 안 된다.

갱신 거절 통보를 받은 집주인의 계획이 집을 매매하거나 새로운 임차인을 구하는 것이라면 집주인은 부동산 사무실에 매매나 전세로 현 임차인이 사는 집을 내놓는다. 이후 부동산 사무실의 공인중개사가 손님에게 해당 집을 보여주려고 임차인에게 연락할 것이다. 그런데 임차인이 바빠서 연락을 받지 못하거나 집을 비우는 등의 사유로 집을 보여주지 못하는 경우를 현장에서 많이 본다.

이렇게 임차인이 집을 보여주지 못하는 횟수가 늘어나면 임차인과 집주인 간에 마찰이 잦아진다. 임차인이 협조를 해주지 않는다면서 '될 대로 돼라'라는 식으로 보증금 반환을 회피하는 집주인도 많다. 이렇게 되면 임차인의 불안감은 더욱더 커질 수밖에 없다.

그러므로 임차인은 집을 보여주는 것에 적극적으로 협조해줘야 한다. 앞에서 말했듯이 계약만료일이 되면 하늘이 무너져도 집주인은 보증금을 반환해줘야 하지만 현장에서는 이를 어기는 집주인이 많기 때문에 만약의 사태까지 대비하기 위해서는 어느 정도 임차인의 감내가 필요한 것이 사실이다.

임차인이 적극적으로 협조하면서 여러 차례 집을 보여줬으나 별다른 계약 진행이 없다면 집주인에게 금액 조정을 요구하는 게 좋다. 집주인이 매매나 전세 시세를 제대로 파악하지 못하고 높은 금액으로 부동산 사무실에 중개를 의뢰하는 경우가 실제로 많기 때문이다.

주변에 있는 비슷한 면적의 집이 최근에 거래된 매매 또는 전세금액과 시장 상황을 집주인에게 알려준다면 금액을 내릴 가능성이 높으므로 집주인과 지속적으로 소통하면서 상황을 어필하는 방식을 추천한다.

또한, 집을 내놓을 때 아는 부동산 사무실에만 의뢰하는 집주인이 많은데 그러면 계약이 진행될 확률은 낮다. 임차인은 집주인과 협의한 후, 해당 집 인근의 부동산 사무실 3~5곳에 직접 의뢰해 놓으면 계약의 확률을 높일 수 있다.

맺음말

전세 사기를 당했는데 어떻게 해야 하냐며 필자의 유튜브 채널(덕방연구소) 메일로 문의를 하는 전세 사기 피해자가 정말 많다. 그중에 30대 직장인인 임차인이 있었는데 실제 손해를 본 금액이 1억 원에 가까웠다. 무얼 어떻게 해야 할지 모른 채 기댈 곳도 없는 상황에서 생판 얼굴도 모르는 필자에게 상담을 요청한 것이다.

눈앞에 맞닥뜨린 갑작스러운 상황에 한없이 답답해하는 임차인의 피해를 최소한으로 줄이는 해결방법을 찾기 위해 함께 많은 시간을 보낸 기억이 이번 책을 마무리하면서 다시 떠올랐다.

임차인의 보증금을 노리는 덫은 곳곳에 존재한다. 그래서 집 초년생을 포함한 임차인은 그 덫을 하나하나 피하면서 되도록 안전한 집을 찾아야 한다. 결코 쉽지 않은 과정이다. 어찌 보면 안전한 전셋집을 구하는 시간과 과정은 웬만한 자격증 시험에 견줄만하다고 할 수 있겠다. 그런데 이에 대해 많은 사람이 배운 적도 없었고 제대로 알려주는 곳도 없었다. 이것이 필자가 이 책을 쓴 이유다.

전셋집을 구하려는데 무엇부터 해야 할지 잘 모르고 갈팡질팡만 하는 임차인들을 위해 반드시 알아야 할 내용을 책에 담았다. 이 책을 읽은 임차인들이 앞으로 대한민국에서 전세 세입자, 월세 세입자로 사는 동안만큼은 보증금에 대해 걱정을 하지 않았으면 좋겠다.

요즘 전세 사기가 이슈가 되면서 '전세'라는 제도는 하루빨리 사라져야 한다는 목소리가 커지고 있다. 하지만 필자는 전세제도가 쉽게 사라지지 않을 것이라고 확신한다. '부동산 투자로 돈을 벌고 싶다'라는 생각을 현실적으로 받쳐주는 일등 공신 중 하나가 전세이기 때문이다. 사실 꽤 많은 임대인이 전세제도를 법의 테두리 안에서 적법하게 활용하면서 꾸준하게 부(富)를 늘리고 있다.

전세제도는 앞으로도 존재할 것이다. 또한, 어디선가 전세 사기 피해자가 계속 나타날 것이다. 그러므로 대한민국 임차인이라면 이 책의 내용을 반드시 알고 있어야 한다. 내 보증금을 노리는 사기꾼들을 어디에서 만날지 모르기 때문이다. 부디 이 책 한 권으로 많은 임차인이 안전한 전세 세입자, 월세 세입자가 되길 바라며 글을 마무리한다.

전세 월세 보증금을 지켜라

2023년 7월 5일 초판 1쇄 발행
2024년 8월 8일 개정판 1쇄 발행

지은이 | 덕방연구소
펴낸이 | 이종춘
펴낸곳 | (주)첨단

주소 | 서울시 마포구 양화로 127 (서교동) 첨단빌딩 3층
전화 | 02-338-9151
팩스 | 02-338-9155
인터넷 홈페이지 | www.goldenowl.co.kr
출판등록 | 2000년 2월 15일 제2000-000035호

본부장 | 홍종훈
편집 | 전용준, 이보슬
전략마케팅 | 구본철, 차정욱, 오영일, 나진호, 강호묵
초판 표지 디자인 | design STUDIO BEAR
제작 | 김유석
경영지원 | 이금선, 최미숙

ISBN 978-89-6030-634-9   13320

- **BM** 황금부엉이는 (주)첨단의 단행본 출판 브랜드입니다.

- 값은 뒤표지에 있습니다. 잘못된 책은 구입하신 서점에서 바꾸어 드립니다.
- 이 책에 나오는 법령, 세법, 행정 절차, 예측, 경제 상황 등은 집필 당시의 기준이며 오류가 있을 수 있습니다. 저자와 출판사는 책의 내용에 대한 민·형사상 책임을 지지 않습니다.
- 이 책은 신저작권법에 의거해 한국 내에서 보호를 받는 저작물이므로 무단 전재 및 복제를 금합니다.
- 이 책은 〈전세금을 지켜라〉의 개정판입니다.

황금부엉이에서 출간하고 싶은 원고가 있으신가요? 생각해보신 책의 제목(가제), 내용에 대한 소개, 간단한 자기소개, 연락처를 book@goldenowl.co.kr 메일로 보내주세요. 집필하신 원고가 있다면 원고의 일부 또는 전체를 함께 보내주시면 더욱 좋습니다. 책의 집필이 아닌 기획안을 제안해주셔도 좋습니다. 보내주신 분이 저 자신이라는 마음으로 정성을 다해 검토하겠습니다.